風や光を読んで、
森の木のように
存在する
エクセルギーハウス

庭を取りづらい市街地に
コンパクトに建つ
エクセルギーハウス我孫子

撮影：加藤嘉六

隣にある自然の力を借りるエクセルギーハウスは
木陰にいるような心地よさがある

撮影：小倉ヒラク、箕輪弥生

小金井市の
雨デモ風デモハウス（現・環境楽習館）
夏の暑い日のプレオープンには、
たくさんの人がエクセルギーによる
涼しさを体感した。

大きな空間でも、
光熱費の心配がない
（エクセルギーハウス伊豆）

外とつながり、
大きな空間を使える
機能美にあふれた
エクセルギーハウス

風が通り、
天井の輻射熱を
感じられる2階
（エクセルギーハウス川越）

窓を開放できる。
外に開かれたリビング
（エクセルギーハウス横浜）

撮影：加藤嘉六

黒岩哲彦

エクセルギーハウスをつくろう

エネルギーを使わない暮らし方

コモンズ

エクセルギーハウスをつくろう●もくじ

まえがき

自然の恵みを活かして暮らしたいと思います。太陽の恵みのもとでみずみずしい作物を育て、滋味豊かな実りを食したいと思います。季節の日差しや風、日々のうつろい、何気ない家事や雑事、家族の成長や友との語らいに感謝しながら、楽しく暮らしたいと思います。

快適な住まいという「物」を得たいというのは、当然の気持ちです。でも、それだけでなく、その延長上に、住まいがもたらす豊かな暮らし、そうした住まいが集まった地域という環境がもたらす豊かな佇まいを求める人が、増えてきたのではないでしょうか。

この本では、自然の恵みのもとで豊かな暮らしを築くことができる、身近にありながら気づかなかった自然の恵みを活かす知恵に支えられたエクセルギーハウスの全容を、わかりやすさを心がけながら紹介しました。一般的な化石エネルギーに依存しなくても、エクセルギーハウスでは心地よい暮らしがいとなめます。読者のみなさんは、きっと驚かれるでしょう。その秘密は、どこにあると思いますか?

その秘密に迫るためには、まず、これまで信じてきた常識をいったん壊していただく必要があります。そこで、本論に入る前に序章を設けました。私は、常識にしばられると真実が見えなくなると考えています。そのうえで、第1章でエクセルギーハウスの仕組みを説明しました。

ところで、エコという言葉を使わない人は今日、ほとんどいません。しかし、私が30年ほど前に当時の建設省の仕事で、「エコという言葉を使いましょう」と提案したとき、そんなわけのわからない言葉は使えないと指導されました。これは、言葉が普及する初期段階の一般的な状況です。

環境破壊やエネルギー問題が深刻になるなかで、住まいの世界では、エコハウス、オール電化、スマートハウス、パッシブハウス、ゼロエネルギーハウス、オフグリッドなど、耳慣れない言葉が飛び交っています。そして、多くの人たちが、現在の住まいのあり方についてなんとなく疑問を感じているのではないでしょうか。

かつてのエコと同じように、多くの方にとってはじめて耳にする「エクセルギー」。常識から解放されてみれば、この言葉が多くの疑問に応え、自然の恵みを活かす知恵であることに気づかれると思います。

第2章では、どこにいても身近なところで発見できるエクセルギーを感覚的につかんでいただきたいという思いから、どこにもないエクセルギーの解説を試みました。実はエクセルギーは物理学における熱力学の領域で、きちんと位置づけられた概念です。とはいえ、その理解は簡単ではありません。一方、難しいという先入観を捨てて、無垢な状態で感覚的に触れていただくと、けっこう腑に落ちる。私は多くのワークショップの経験で、そう実感しています。この章では、エクセルギーを感覚的につかんでいただければ十分です。

ところで、地球環境の行く末に対する大きな不安は私たちの日常の振る舞いと無関係ではなさそうだということに、多くの人たちが気づきはじめています。私たち人間は、「地球の住まい手」としては落第生と言わざるをえないでしょう。そこで、エクセルギーハウスで「地球の住まい手になる」ためのヒントについて、第3章で述べています。

さらに、エクセルギーを上手に活かす知恵を身につけると、身体に負担をかけない心地よさを獲得できるし、長期的には経済面でも優れているという重要なポイントについて、第4章で解説しました、東京都市大学の宿谷昌則教授らが世界をリードして発信しておられる、この「身体のエクセルギーバランス理論」を建物で具現化したエクセルギーハウスは、本来の快適性と経済性を実現させています。実際にエクセルギーハウスで暮らす方の生活経験や、東京都の地球温暖化対策事業によって誕生し、市民参加のもとで計画され、複数の大学による実証実験が行われてきた小金井市の環境楽習館（元・雨デモ風デモハウス）での調査結果も紹介しました。

この2つの章をとおして、エクセルギーの視点はこれからの社会と地球を考える際のパラダイムシフトであることを実感していただけるでしょう。

第5章では、エクセルギーハウスを建てようとするとき具体的にどうしたらよいのかを説明しました。そして、エクセルギーの視点をもって暮らすライフスタイルのイメージを第6章で紹介しています。「身近なエクセルギーを活用して暮らす」と表現するよりも、「すべてのいとなみの力を活かしながら暮らす」と表現するほうが、ライフスタイルを語るためにはわかりやすいかもしれません。「いとなみネットワーク」という共感の輪の広がりを知っていただき、「エネルギーからエクセルギーに視点を変え、自然のいとなみ、生きもののいとなみ、私たちのいとなみを大切にしていく」というライフスタイルを、一緒に始めていきましょう。

序章　常識にしばられると真実が見えなくなる

◆常識を疑ってみよう

世の中エコハウス流行りである。ソーラーパネルや燃料電池などが普及し、エネルギー使用状況がわかるモニター画面が導入された最新鋭の家まで、出現してきている。どんな家が本当に環境によいのか、快適なのか、判断に悩む人も多いにちがいない。

その答えに到達するためには、常識にまどわされず、真実を見る必要がある。「地球は太陽の周囲を回っている」と言って宗教裁判にかけられたガリレオの時代ではないけれど、住まいの快適性やエネルギー問題については思いこみが先行しがちだ。たとえば、こんな質問をされたら、あなたはどう答えるだろうか。

「2011年3月に起きた東日本大震災後にほとんどの原子力発電所が停止し、電力不足が大きな問題になったが、電気が足りないと私たちの生活は本当に成り立たないのだろうか」

「私たちが暑い、寒いと感じるとき、それは室温（室内の空気の温度）や気温が高い、低いということなのだろうか」

「そんな当たり前の質問をされても」と、あなたはとまどうかもしれない。でも、その「当たり前」と思っていることが真実とは異なる場合もある。

家づくりは、エネルギーや環境、健康など、地球にとっても人間にとっても非常に重要な問題と関連している。私たちは人生の多くの時間を家で過ごし、子どもを育て、家族の歴史を刻む。家は単なる箱ではなく、人間のいとなみの場そのものだ。いとなみを豊かにするためには、頭を柔らかくして常識を見つめ直し、真実に近づくことが大事である。
さあ、まず、一緒に常識を疑ってみよう。

◆便利なことが必ずしも合理的ではない

普通は、「便利なものは優れている」と考える。たとえば、リモコンのスイッチを入れるだけでクーラーが作動し、部屋が涼しくなったり暖かくなったりする。キッチンでは、炎が見えない電磁調理器が活躍する。たしかに便利なのだが、どのように電気が造られ、送られているか、きちんと考えたことがあるだろうか。

現在の日本では、おもに石油や天然ガスなどの化石燃料を燃やし、その熱で水を蒸気に暖め、蒸気の噴出によってタービン（羽根車）を回し、電気を起こしている。東日本大震災前までは、原子力発電の割合が3割を超えていた。その後は、ごくわずかにすぎない。原子力発電では、核分裂のエネルギーを利用して電気を生み出す。ただし、核分裂で直接電気が生まれるわけではない。一見高等な技術のように思われているが、核分裂の際に発生する熱で水を暖め、蒸気を噴出させてタービンを回し、電気を起こしている。発電の根幹部分の仕組みは、火力発電と変わらない。

ここで覚えておきたいのは、発電所で10の資源を投入しても、そのすべてを電気エネルギーには変えられないという事実である。発電所で投入した10の資源のうち、家庭やオフィスで使用できるのは3割程度だ（図1）。残りの約7割は使われず、熱エネルギーになって海水や周辺環境などを温めている。そもそも、

図1　発電所に投入される資源と私たちが使える電気

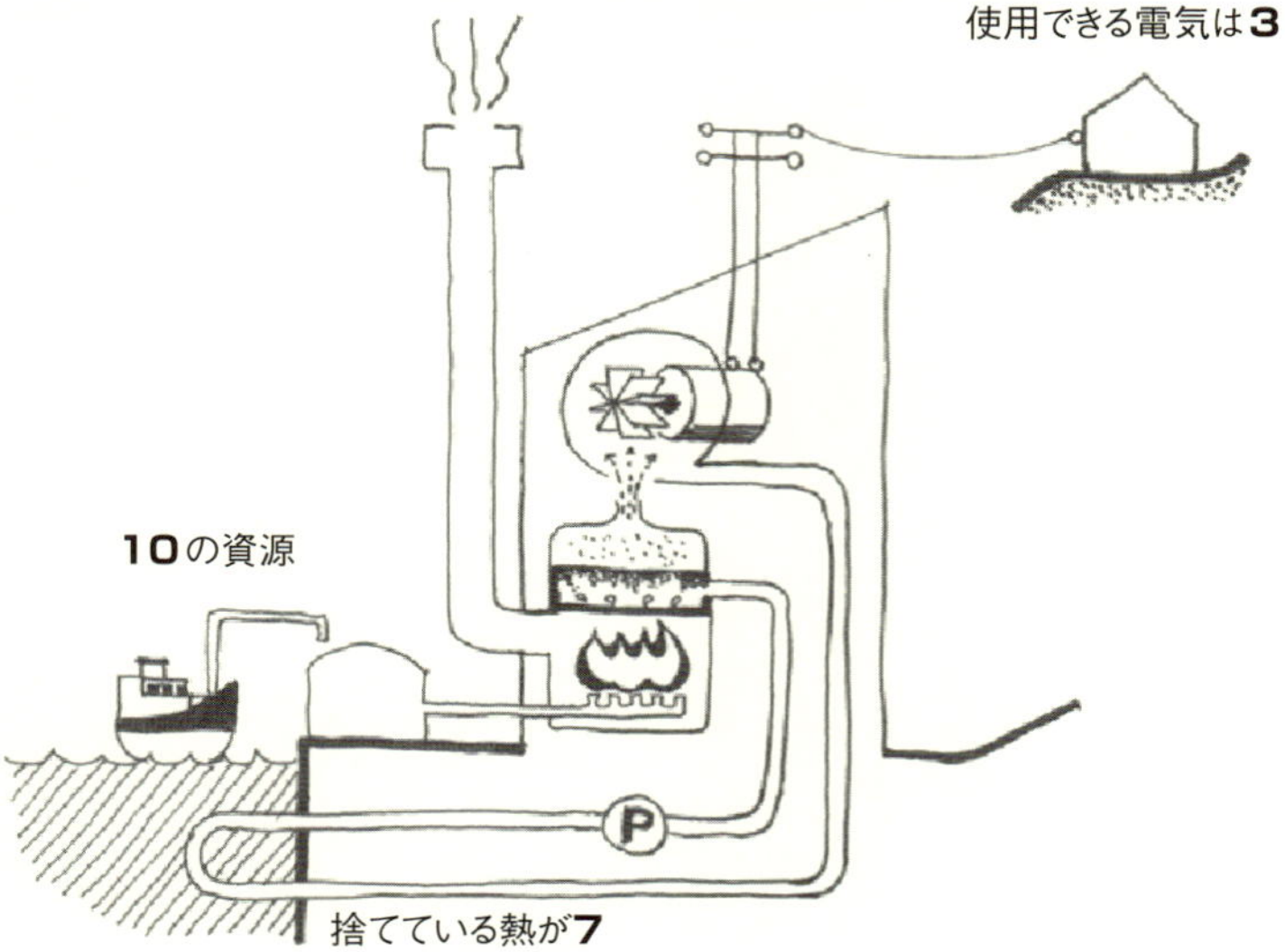

熱エネルギーで蒸気を造り、電気エネルギーへ変換するタイプの発電方式では、発電効率は最高でも60%を超えることはできない。

また、原子力発電所では、高温になる原子炉を冷やすために多量の水が使われている。原発事故後に「冷却水」という言葉がニュースで何度も登場したので、覚えている人も多いだろう。九州電力の川内《せんだい》原子力発電所（鹿児島県）では、温排水によって立地周辺海域の海水温が7℃以上も上昇したという（中野行男・佐藤正典・橋爪建郎『九電と原発①温排水と海の環境破壊』南方新社、２００９年）。

さらに、石油や天然ガスは遠い外国で大規模な設備を使って地中や海中から掘り出され、海を渡って運ばれてくる。それに要するエネルギーは膨大である。20世紀に誕生した、遠くの資源を輸送して活用するという仕組みは便利だが、たいてい合理的ではない。

こうしたシステムによって造られる電気を生活の

基本にすることが合理的なのか、立ち止まって考えてみたい。もちろん、電気がいらないと言っているわけではない。質の高いエネルギーである電気は、照明、動力を必要とする洗濯機やパソコンなどの家電製品といった、電気が不可欠な用途に優先的に使うようにすればよい。

そして、「便利なものは合理的」と思い込んでいるのは、電気に限った話ではない。そうした勘違いを再考すると、さまざまな豊かな発想が生まれてくる。

◆電気はそれほどなくても困らない

東日本大震災後の電力不足で計画停電が実施され、多くの人びとが一時的に灯りや暖房が使えない生活を経験した。「電気がないと普通の暮らしができない」「電気のありがたみを本当に感じた」と言う声が聞かれた。しかし、普通の生活でそれほど電気が必要とされているのだろうか。

図2　家庭で使うエネルギーの用途別割合（2011年度）

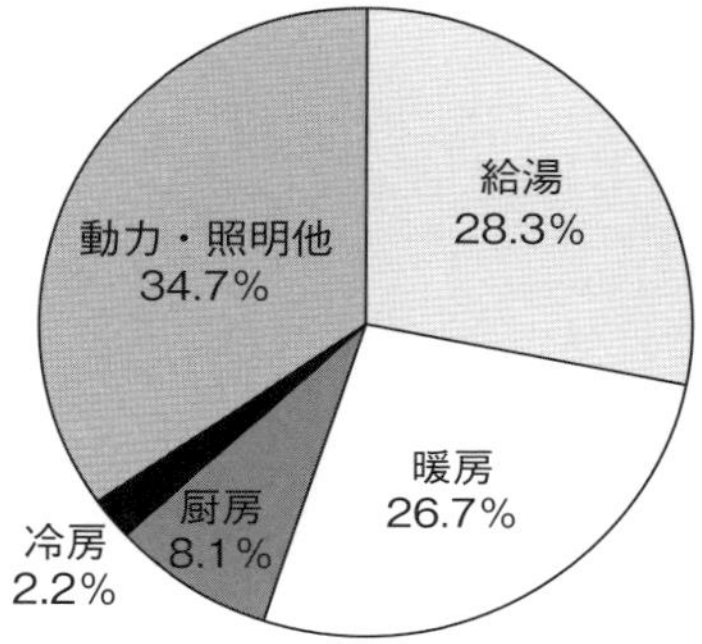

（出典）資源エネルギー庁『エネルギー白書 2013』。

図2は、家庭で使うエネルギーの用途別割合を示している。その大半は、電気ではなく熱関連である。給湯、暖房、厨房、冷房といった熱として使うエネルギーが65%を占める。こうした熱需要をすべて電気でまかなおうとすれば、たしかに「電気が潤沢にないと便利な生活が成り立たない」。だが、実際に必要なのは電気よりも熱である。

「熱は熱で。」。これは、東京都環境局のキャンペーンである。「給湯や暖房など比較的低温で利用される熱は、なるべく太陽熱などによってまかなう」という考え方だ。

デンマークは、住宅部門の熱需要の約60％を地域暖房でまかなっている（*District Heating and Cooling country by country Survey, 2009*）。住宅やビルに配管を通じて蒸気や熱水を供給し、暖房に利用しているという。スペインでは２００６年に改正された建築基準法で、新築時や改修時に、温水利用に対して一定割合の太陽熱利用が義務づけられた。新築へ太陽熱温水器を設置する場合は優遇処置がある。このように環境先進国では、「熱は熱で」という政策がエネルギー消費を抑える面から重視されている。

熱エネルギーは、手をこすっても容易に得られる「質の低いエネルギー」と言われる。それに対して電気は、造るのが大変な「質の高いエネルギー」だ。にもかかわらず、多くの資源を地中から掘り出し、遠くから運んで発電している。質の高いエネルギーである電気を質の低い熱エネルギーに変えて使うのがいかに非合理的であるか、容易に想像できるだろう。

熱を使う部分には熱を利用すれば、たくさんの電気を使わなくても快適に暮らしていけるのである。

◆エネルギーは創ることも消すこともできない

意外に思うかもしれないが、エネルギーは創ったり消したりできない存在である。かつて授業で習った「エネルギー保存の法則」を覚えておられるだろうか。それは「エネルギーの総量は変化しない」、すなわち「エネルギーは決して創ることも消す（消費する）こともできない」ことを示している。ところが、私た

図３　地球のエネルギー収支

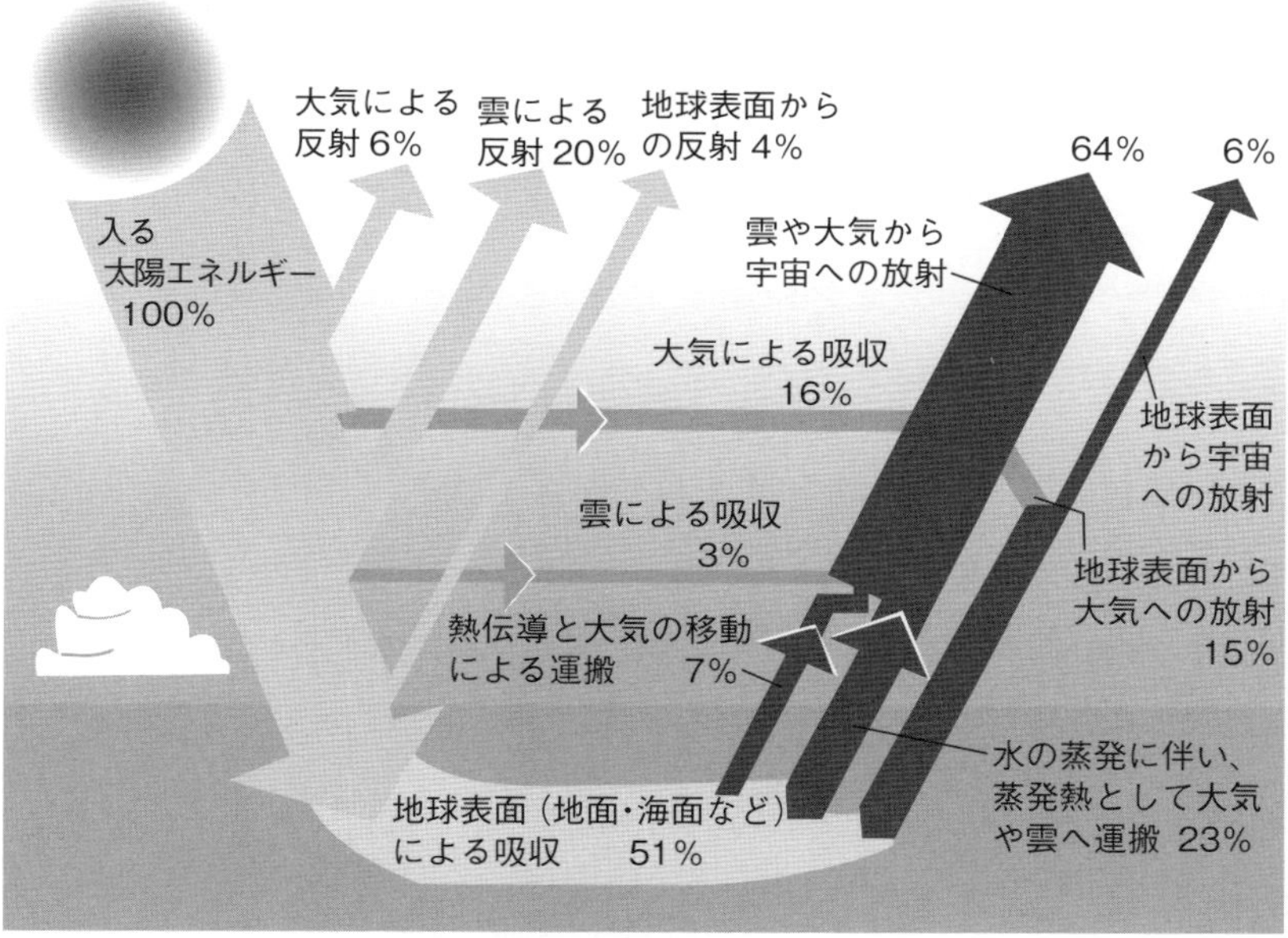

（出典）"EARTH'S ENERGY BUDGET", NASA.

ちはその原則をときとして忘れる。

日常的に「創エネ」「省エネ」という言葉を使っているではないか、という疑問をもつ方も少なくないだろう。その疑問に答えるために、図３を見ていただこう。これは、ＮＡＳＡ（アメリカ航空宇宙局）が示す、地球のエネルギー収支の図である。毎日どのようにエネルギーが入り、どのように出ていくかを示している。

入るのは、宇宙から大気圏に下りてくる図の左側の太い矢印（太陽エネルギー）だけである。逆に、大気圏から宇宙に出ていく矢印は放射や運搬などで、合計は１００％になる。入るエネルギーを１００とすると、出ていくエネルギーも１００で、両者は等しい。

地球には毎日ほぼ一定のエネルギーが入り、同量のエネルギーが出ていくのである。もし地球内でエネルギーが消えているのであれば、出ていく量が入る量よりも少ないはずだし、地球内でエネルギーが創造されていれば、出ていく量のほうが多いはずだ。しかし、そうはなっていない。エネルギーは創ることも消すこともできていない。これは、私たちの日常的な実感とは異なるだろう。

図3をよく見ると、入る一本の矢印と出ていく複数の矢印がしっかり結ばれていることがわかる。つまり、エネルギーとはいくつにも分岐はするが一つの流れであり、その流れの中では減りもしなければ増えもしないのである。

では、先に述べた疑問はどう解消されるのだろうか。そのポイントは、「エネルギーはさまざまな状態に姿を変える」ということだ。

図3の太陽エネルギーの矢印は、「大気による吸収」「雲による吸収」などの矢印に分岐している。これは、太陽エネルギーの一部が、「光」から大気や雲に吸収される「熱」に姿を変えていることを意味する。実態を感じにくい熱という存在への変身によって、私たちはエネルギーが消えたかのように感じるのだ。

もっと身近な例のほうがわかりやすいかもしれない。たとえば、消費電力50ｗのパソコンに向かっているとしよう。このパソコンのまわりで、エネルギーの流れにどんな変化が起きているだろうか(図4)。

パソコンには電気エネルギーが流れている。それは、パソコンの表面が熱くなることからわかるように、一部は熱エネルギーに変わり、一部は耳を澄ますと聞こえるファンの音エネルギーやディスプレーの光エネルギーに変わる。ただし、電気エネルギーがさまざまな姿を呈するエネルギーに分岐しただけである。流れの総和は50ｗで、エネルギーの量が変化したわけではない。つまり、何も消えていないけれども、耳をすましたり、じっくり観察したりしないと実態をつかみにくい複数のエネルギーに変身してい

図４　実態を感じにくいエネルギーの流れを知る

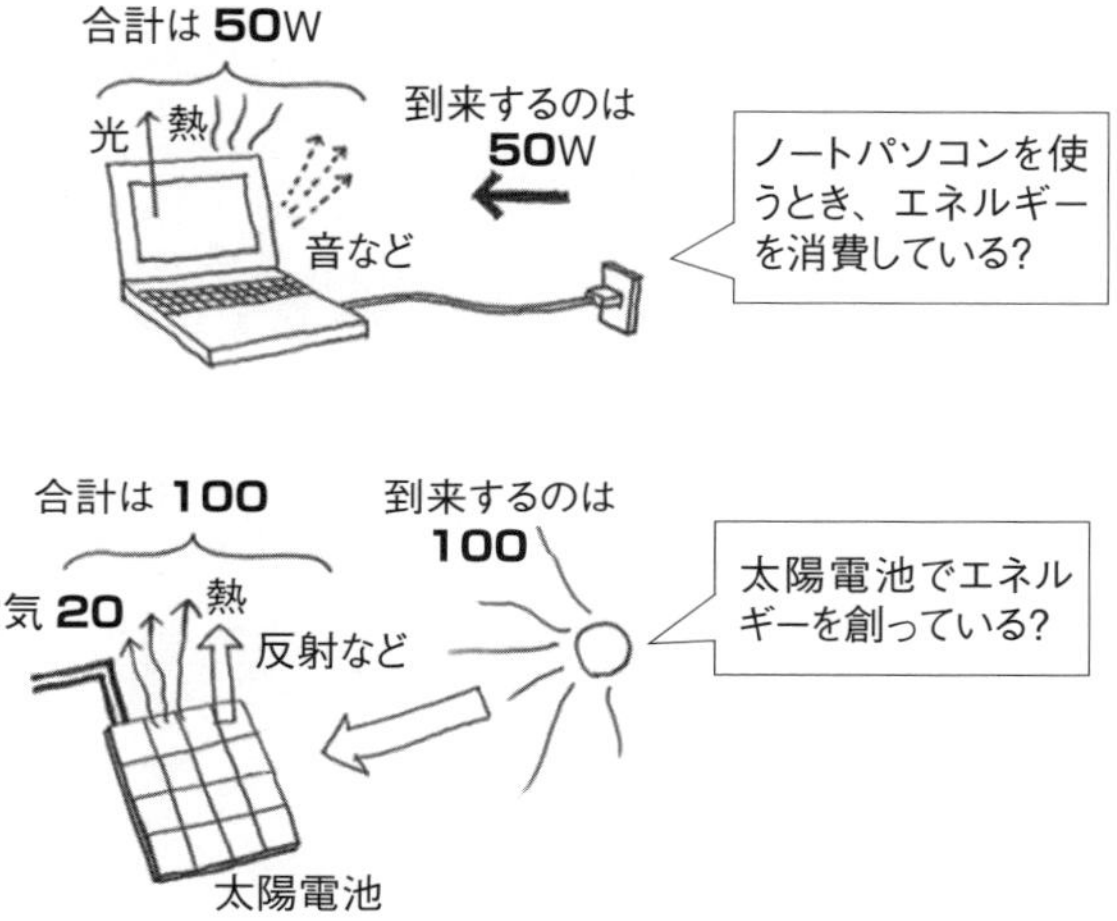

る。これを「消費した」と慣習的に表現しているわけだ。したがって、本来なら、「消費電力」はやめて「使用電力」と表記すべきである。

次に、太陽電池の例を見てみよう。太陽エネルギーが太陽電池に当たると、その流れは、電気エネルギー、反射する光エネルギー、発熱として表れる熱エネルギーなどに分岐する。これらのエネルギー量の総和は、当初の太陽エネルギー量と変わらない。太陽エネルギーの量を１００とすると、電気エネルギーは20程度である。これが、私たちが「創エネ」と言っている現象だ。何もないものから、あるいは少しのものから、たくさんのものを生み出すかのように感じさせる「創エネ」という言葉の使用が不正確であることに気がつくだろう。

太陽電池は、太陽エネルギーの一部を電気エネルギーに変換する仕組みでしかない。エネルギーは流れである。「創エネ」の実態は、「存在しているエネルギーの一部を、私たちが必要な目的のエネルギーに変換する」ととらえたほうが適切である。本来なら、「創エネ」ではなく「エネルギー変換利用」というべきだろう。

私たちにできるのは、エネルギーの流れを少し変える過程で何らかの恩恵を得ることだけである。言い換えれば、「エネルギーを借りて返す過程で快適さをもたらす」ことだけである。

身近にあるエネルギーの流れを「借りて活かす」。それが、本書で述べるエクセルギーハウスの極意である。

◆暑い寒いは気温だけが左右するわけではない

夏は猛暑日が増え、春や秋に激しい集中豪雨に見舞われるなど、日本の気候変動が激しくなってきた。暑さ寒さの振れ幅も大きく、人間に与える影響も大きい。

夏に熱中症で倒れる人びとは4万人を超え(総務省消防庁調べ)、毎年20人前後の死者が出ている(厚生労働省調べ)。室内で熱中症によって倒れるケースも増え、暑さ対策は生命を左右するほどだ。テレビでも「今日は気温が高くなるので、熱中症に注意してください」と報道される。しかし、これだけでは熱中症対策としては不十分である。なぜなら、気温以外の要素も重要だからだ。

実際、気温がそれほど高くない夜中に熱中症のリスクが高くなる場合がある。その理由は環境だ。たとえば、マンションの最上階である。マンションの屋根はコンクリート製だから、昼の日射で熱くなり、熱を溜めこんでしまう。そして、夜になってもコンクリートの室内側、つまり天井の温度が下がらない。40℃のときもある(図5)。

温度には、気温や室温という「空気の温度」と、床や壁や天井などの物体の「面の温度」がある。後者はあまり知られていないが、私たちを取り囲む床や壁や天井の温度が高いと、熱中症を引き起こす重要な

図５　知られていない熱中症の危険因子

要因になる。

夏の暑さを室温だけで考えると、痛い目にあう。湿度や通風に加えて、床や壁や天井の温度の上昇にもよく気をつけなければならない。暑さや寒さを感じる要因として、面の温度が重要な役割を担っているからだ。こうした面の温度が適切であれば、室温がある程度高くてもあまり暑く感じないし、ある程度低くてもあまり寒く感じない。エクセルギーハウスは、この効果を存分に活かしている。

◆日本の住文化に欠けている発想

日本の伝統建築は素晴らしい。昔の大工たちは、現代のコンピュータ解析技術を用いても解明できないほどの高度な木組みで、釘を一本も使わずに神社や寺を建立した。そのお陰で、世界最古の木造建築物である法隆寺（７世紀）をはじめ、日本各地で、築数百年、ときには千数百年を経た感動的な木造建築物を目にできる。

しかし、こうした伝統建築も住環境という意味では完全ではない。日本では、寒い冬に部屋全体を暖めるという発想はなく、「暖をとる」という言葉に象徴されるように、囲炉裏《いろり》や七輪で身体の一部を暖めて、

図６　日本と西欧の「暖」の文化の違い

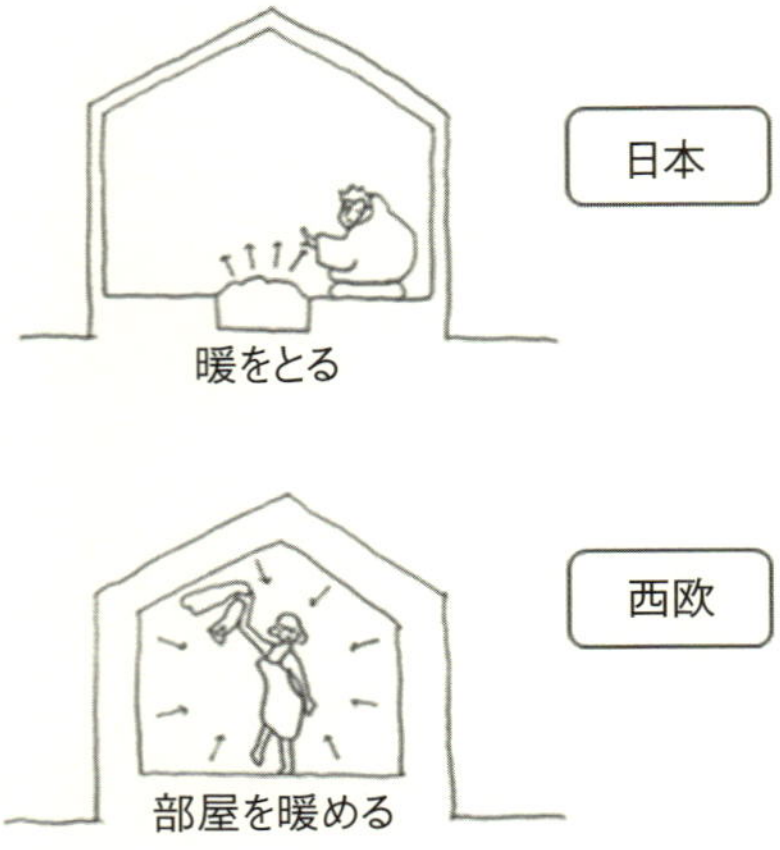

しのいできた（図６）。近代になってストーブやエアコンが導入されたが、家の温熱環境を本質的に改善するものではなく、「一軒家は寒い」という状況に変わりはない。

日本の住文化には、西欧のような「家全体を暖める」という発想がなかった。断熱や、床や壁や天井に熱を溜める「蓄熱」のような、家全体の温熱環境を整える発想がなかったのである。家づくりの基本が欠けていると言わざるをえない。

文化にまでなっている木組みの技術は、大工に聞けばわかる。だが、欠けている部分は新たに誰かが考えていかなければならない。伝統的民家の知恵を引き継ぎつつ、日本の気候風土に合った「日本の建築」を考えていかなければならない。そのときはじめて、本当の日本の建築が生まれるのではないだろうか。

第1章　エクセルギーハウスの仕組み

1　常識をくつがえす家

◆有機農業のような家づくり

エクセルギーハウスでは、エネルギーをほとんど使わないで暮らすことが可能であると言える（エクセルギーについては第2章参照）。この場合の「エネルギー」とは、化石燃料や原子力から造られた電気やガスを指す（第2章〜第4章以外は、この意味で「エネルギー」を用いる）。石油や石炭のような資源を遠くから大量に運ぶ、便利だけれど合理的ではない仕組みには、できるだけ頼らない。身近な自然の力を借りて快適性を得られる家が、エクセルギーハウスである。有機農業のような家づくりと言ってもよい（図7）。

有機農業では、除草対策や肥料削減のために、自然の光や水、生きもののいとなみの力を最大限に借りる。たとえば、宮城県大崎市や新潟県佐渡島などで行われている「ふゆみずたんぼ」。

田んぼの土を耕さず、冬の間も水を張っておく。すると、土の中に棲む土壌動物や多くの微生物が耕してくれる。イトミミズは、機械で耕すより軟らかいトロトロな土の層をつくる。そして、土壌動物や水生生物を狙う野鳥の糞、藻類や水草、枯れて分解した雑草、窒素固定をする浮き草や光合成細菌など、無数の生きものや植物たちが冬の間に土を肥沃にする。さらに、クモやカエルなどが好みの虫を食べるので、殺虫剤を使わずに稲を害虫から守ることができる。機械を使って耕さず、化学肥料も使わずに、隣の生きものたちの力をうまく借りて、丈夫で美味しい稲が育つ。実に合理的だ。

図7　有機農業のような家づくり

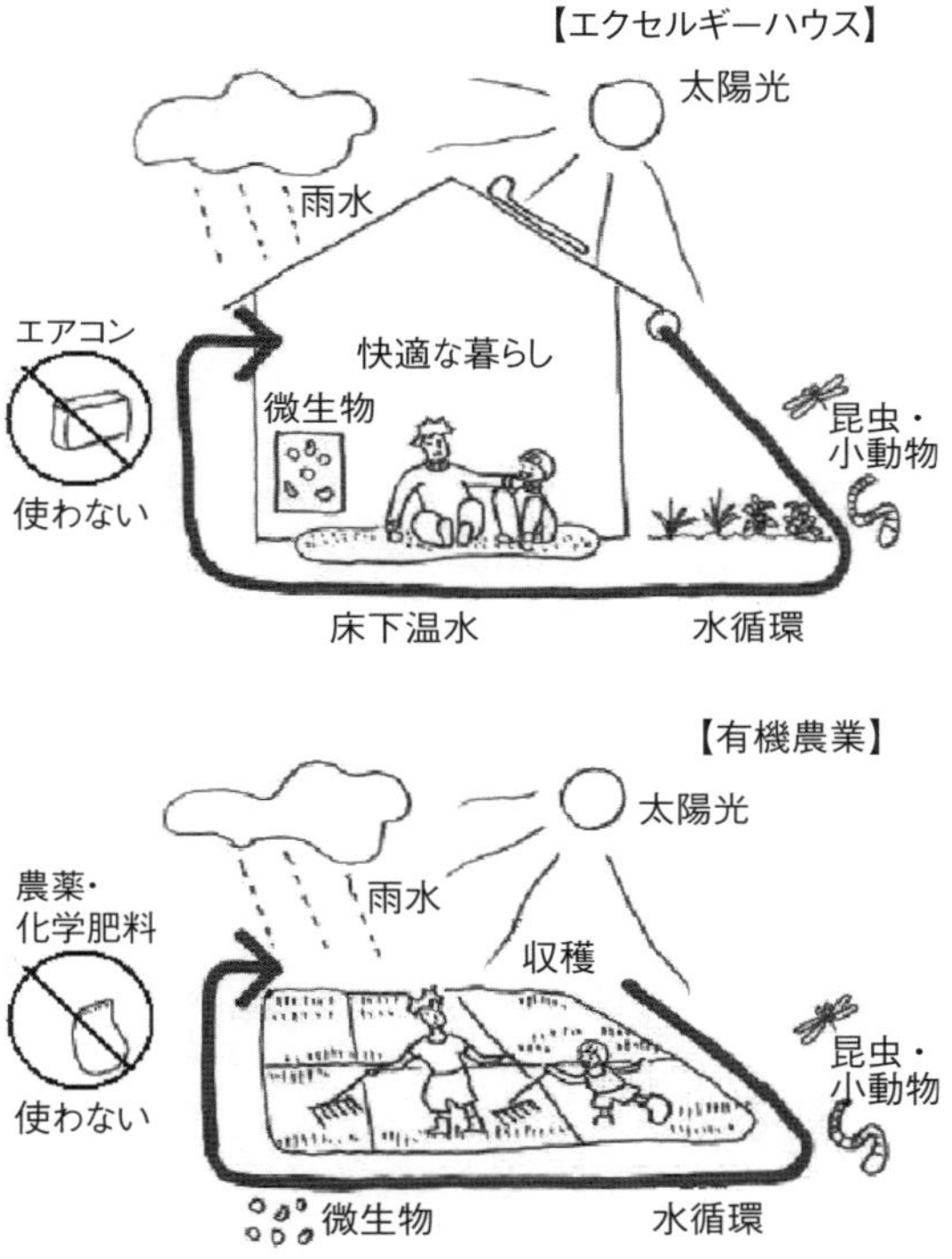

遠くから集めず、身近な自然の力で成果を出す

建築も同じである。まずは、建物に降り注ぐ光と水の力を借りる。ふゆみずたんぼのように、すぐそばにある自然の力を借り、木や生きものたちに活躍してもらう。それがエクセルギーハウスだ。エネルギーをほとんど使わずに身近な自然のいとなみの力を活かすだけで、快適性が得られるのである。

◆使うエネルギーは3分の1

建設省（当時）が1999年に改正した断熱化基準を満たす日本の標準的住宅（床面積120㎡）の年間一次エネルギー使用量は172GJである。これに対して、エクセルギーハウス鎌ケ谷（千葉県鎌ケ谷市、床面積170㎡。130ページ表8参照）では61GJだった（2013年2月〜2014年1月）。エクセルギーハウスで使われるエネルギーは、35%にすぎない（図8）。広さが1・4倍である点を考慮すると、わずか25%程度の計算になる。

図８　エクセルギーハウスと同規模の日本の標準的住宅の年間一次エネルギー使用量

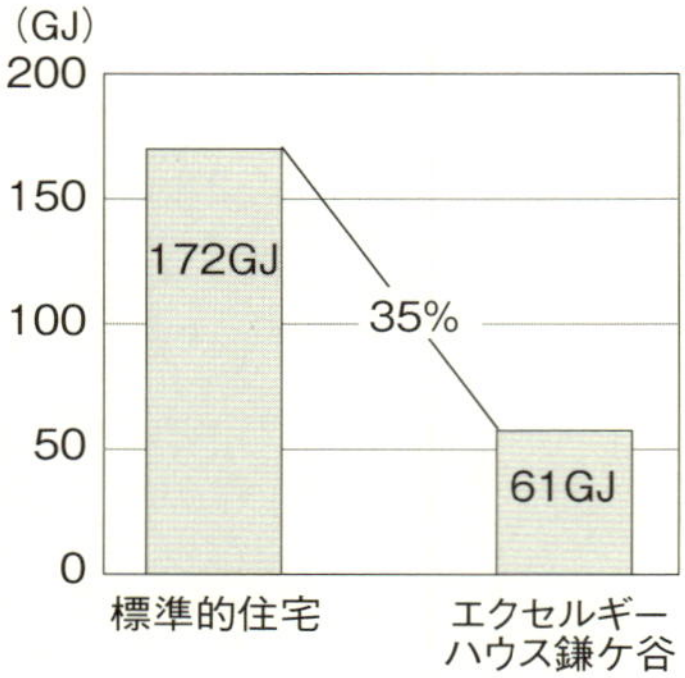

（注１）標準的住宅の年間エネルギー使用量は、住宅・建築物の省エネルギー基準における一次エネルギー消費量算定プログラム法VersionI. 11.0に基づき算定した。
（注２）ＧＪ（ギガジュール）はエネルギー・仕事・熱量・電力量を表す単位で、Ｊ（ジュール）の10^9倍。エネルギーの単位としてよく用いられるものに、ジュール、カロリー、ワット時がある。ワットは、正確には１時間あたりのエネルギー使用速度（仕事率）を意味する。ジュールは、１ワットの仕事率を１秒間行ったときの仕事である。

なお、エネルギー使用量という場合、一般に使われているエネルギー使用量と、一次エネルギー使用量の二つがある。ここでいう一次エネルギー使用量は、一般に使われているエネルギー使用量に、そのエネルギーを取り出すのに必要な資源のエネルギーを加えた量を表している（12ページ図1参照）。したがって、一般のエネルギー使用量の二倍以上の数値になることがある。

エクセルギーハウス鎌ケ谷の概要は以下のとおりだ。

①床面積が１７０㎡と大きく、７人が暮らす。

②エクセルギーハウスの基本的仕組みである太陽熱による暖房と雨水による冷房の結果、全室冷暖房と同等の環境となっている。エアコンはリビングに１台予備で設置しているが、ほとんど使っていない。

建て替え前の年間一次エネルギー使用量（２０１１年６月～２０１２年５月）は１５２ＧＪで、標準的住宅とあまり変わらなかった。それが40％にまで減少したのである（図９）。建て替え前の床面積は１１５㎡だから、広さは３分の２で、居住者は３人だった。面積が広くなり、居住者も増えているにもかかわらず、一次エネルギー使用量がここまで減ったのは、エクセルギーハウスの省エネ性能を如実に表している。

図9　エクセルギーハウス鎌ケ谷における建て替え前後の年間一次エネルギー使用量

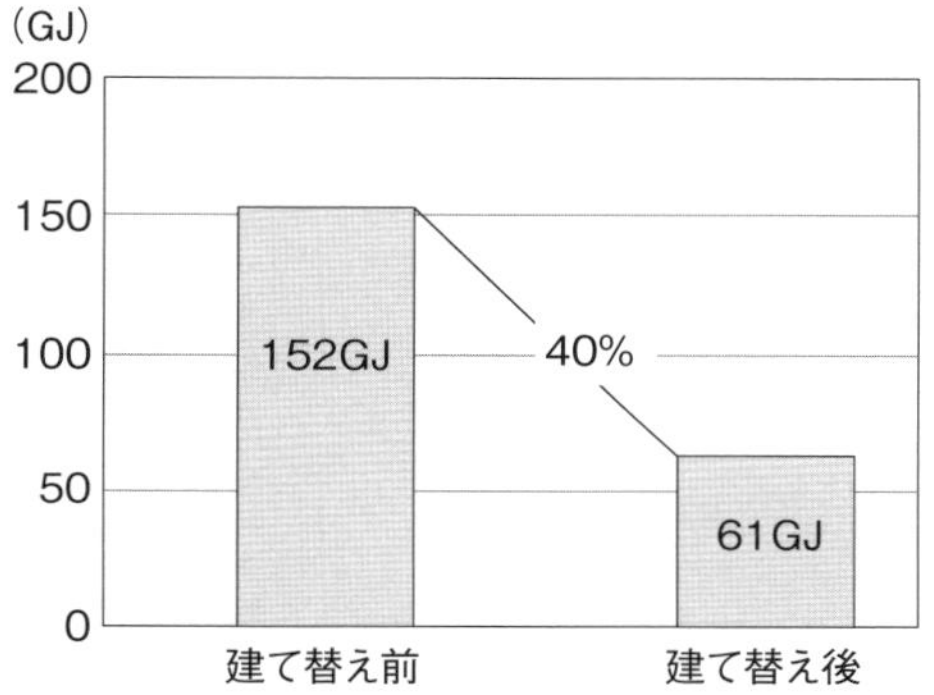

　13ページで述べたように、家庭で使われるエネルギーの3分の2近くは熱需要である。エクセルギーハウスでは、給湯、暖房、冷房を太陽熱や雨水など身近な自然のいとなみの力で極力まかない、快適性を損なわずに、エネルギー使用量を減らしている。しかも、大規模な太陽電池や燃料電池のような最新機器に頼っていない。暖房、冷房、給湯、排水浄化の制御のために必要な、300W（一般的な太陽光パネルのほぼ10分の1）の小規模な太陽電池パネル（約1・83㎡、畳一枚程度）を搭載しているだけである。

　また、エクセルギーハウス鎌ケ谷では、エクセルギーハウスシステムとは別回路で、3・2kWの売電用の太陽電池パネルを搭載している。これによって売電した電力エネルギー分を差し引くと、年間一次エネルギー使用量は35GJである。つまり、建て替え前の23%にまで減少しているのだ。したがって、もう少し大きな売電用太陽電池を搭載したり、厨房で醗酵ガス（糞尿醗酵のメタンガスなど）やペレット（32ページ参照）を使うといった工夫を施せば、電力会社からの送電線に頼らないオフグリッド生活（オフは離れる、グリッドは線という意味）が都市部でも実現するだろう。

　日本のすべての家で現在の3分の1程度のエネルギーで快適に生活できれば、原子力発電所はもちろん、いくつかの火力発電所もいらなくなる。エクセルギーハウスは、それを実現できる可能性をもっていると言える。

図10　エクセルギーハウスの基本的仕組み

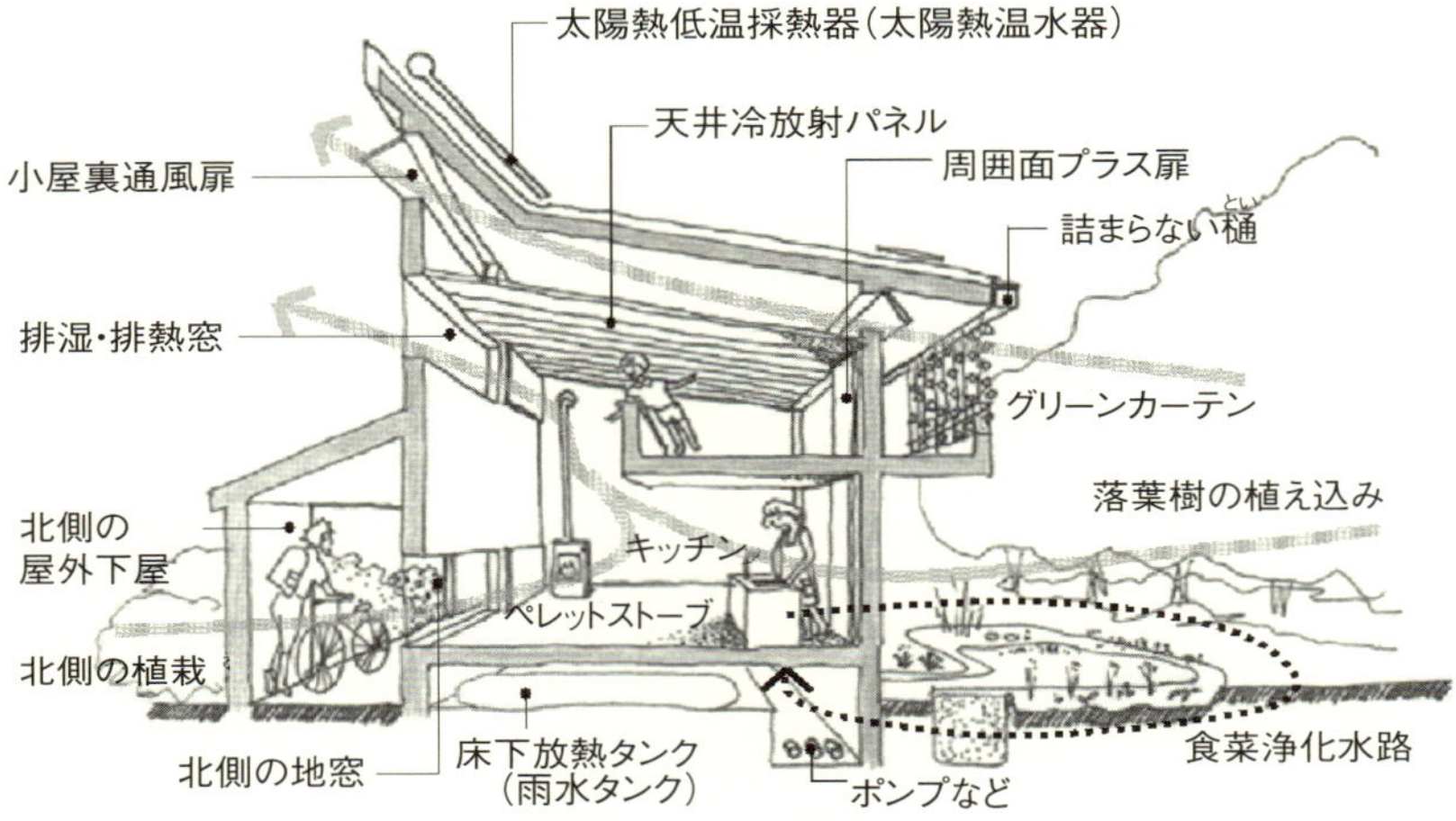

(注) 北側の屋外に日陰になる場所(下屋)を建物本体に連続させて設けると、夏はそこから涼しい風が入ってくる。作業スペース、ユーティリティスペース、車庫などに活用するとよい。なお、地窓は床面に接した位置にある窓。周囲面プラス扉は、夏は暑くなっている窓ガラス面を覆い、室温より低い周囲面を増やして涼しさをもたらし、冬は冷たくなったガラス面を覆い、室温より高い周囲面を増やして暖かさをもたらす扉。

◆エクセルギーハウスの基本的仕組み

普及版のエクセルギーハウスは現在、北海道・東北、信越と日本海側の一部を除く広い地域に対応できる。おおむね冬の平均気温が0℃、日照時間が1カ月100時間以上で、夏に1カ月100ミリ程度の雨が降るエリアである。

エクセルギーハウスは身近な自然のいとなみの利用が基本なので、地域ごとに異なる仕組みが考えられる。ただし、それでは時間も費用もかかるので、基本的仕組み(普及版)を定め、地域に合わせて応用する方法をとっている。ここでは普及版について理解を深めていただきたい。それは、3つの代表的な仕組みから成り立っている(図10)。

第一に、太陽熱温水暖房である(太陽熱温水器(エクセルギーハウスでは「太陽熱低温採熱器」という)を利用)。太陽熱で床下の雨水タンクに溜めた雨水を温め、いわばもうひとつの衣服のように、床、壁、天井、そして家全体と住まい手（居住者）をじんわりと暖める。自然界において、もっとも暖かさを溜める能力をもつ水に太陽の暖かさを十分に蓄えて、室内にゆっくり放熱していくのである。水は熱容量が高く、同じ体積のコンクリートの約2倍の熱を溜める。エクセルギーハウスでは、身近で得られる雨水を用いている。

第二に、雨水冷房である（雨水タンクを利用）。雨と風を組み合わせ、蒸発の力を使って涼しくする。私たちは暑いときに汗をかき、それが蒸発するとき涼しく感じる、それとほぼ同じ原理で、夏に汗をかいて涼しくする家といってもよい。

第三に、生きもののいとなみの力を借りて排水を浄化する食菜浄化（エクセルギー・ビオトープ）である。家のまわりに設けた水路で育つ植物や生きもの、菌類などによって、排水を浄化する。ふゆみずたんぼのように、自然の力だけで循環する仕組みだ。

これらに加えて、窓の開け閉め、ペレットストーブ、人体や家電製品から発生する熱なども上手に使い、建物全体を工夫して、快適な環境をつくりだしていく。

2　太陽の光を集めて冬を心地よく過ごす

◆雨水で暖める

図11を見るとわかるように、屋根に降った雨は特殊なろ過装置をもった軒先の樋（30ページ参照）を通り、

図11　雨水が床下放熱タンク（雨水タンク）に溜まるまで

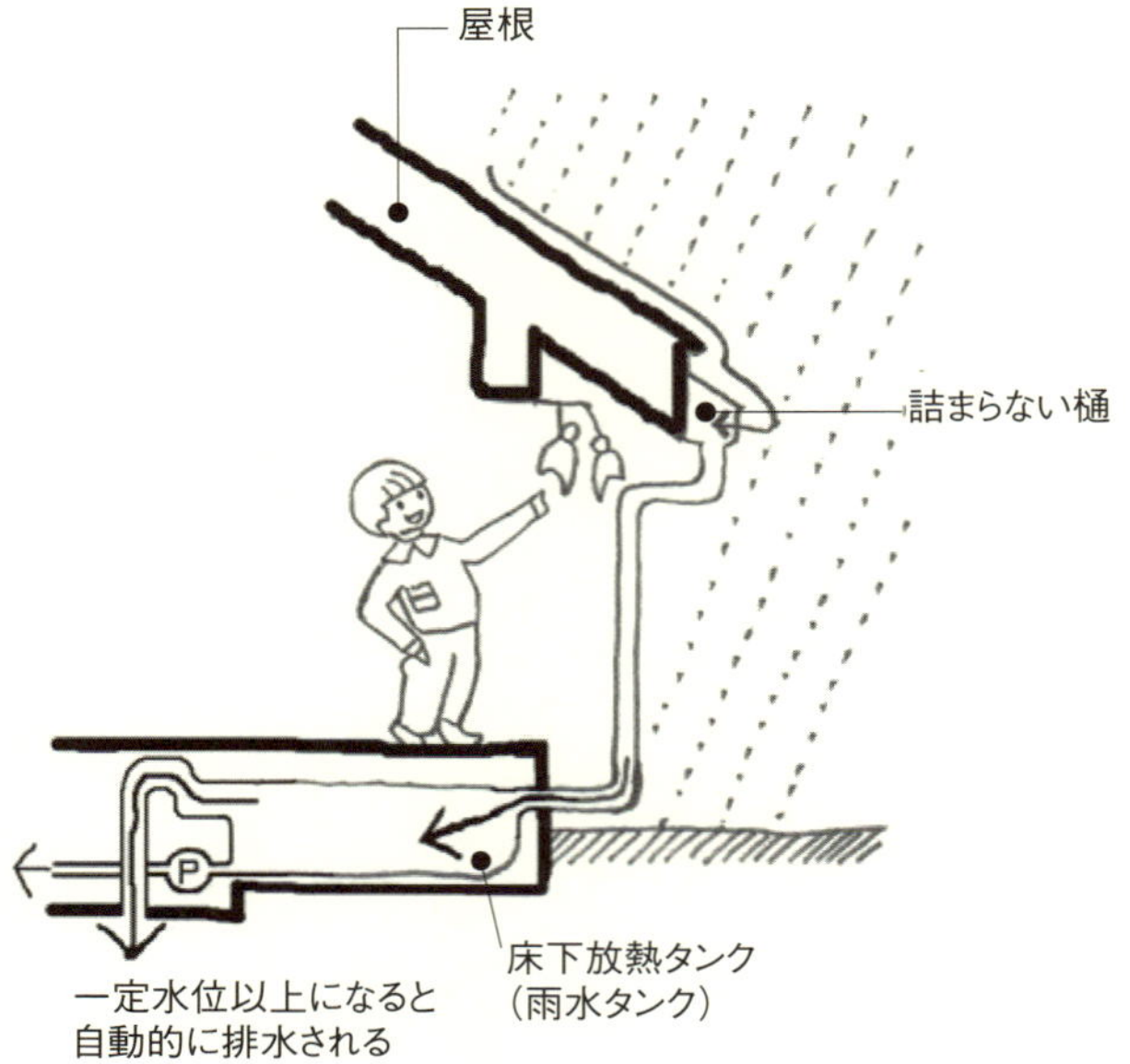

きれいになって、床下にあるウォーターベッドのような雨水タンクに溜まっていく。この雨水タンクは補強繊維が入ったフレキシブルなポリエチレン製の樹脂袋で、２～３トンの水を溜められる。夏から秋にかけて新鮮な雨水を入れ、タンク内で30センチ程度の一定水位を越えた古い雨水は自動的に押し出される。雨があまり降らない場合にタンク内の水が一定水位以下になると、水道水が自動的に補給される。

秋になると雨水が冷房用に使われなくなるので、暖房に必要な水量が溜まる。暖房が必要な期間は、雨水タンク内の水が入れ替わらないように、自動的に制御される。だから、雨の少ない冬でも水道水を補給する必要はない。なお、２～３トンという貯水量は、６～８月の月間降水量が１５０～１７０ミリの東京の場合、40㎡というかなり小さい屋根でも半月程度で溜まる。

暖房が必要な期間は、太陽の光を熱として利用する。床下の雨水タンクに溜めた雨水を屋根の上に設置した太陽熱温水器にポンプで送って温める。このポンプは、３００ｗの太陽電池パネルから供給される電気の力で水を汲み上げる。雨水タンクに戻す際は水の勾配を利用し、電力は使わない。雨水タンクは25～35℃が維持されている。晴れの日は毎日これを繰り返す。夜間は、75AH（アンペアアワー。バッテリー容量の単位）のバッテリーに溜めて利用する。

この雨水タンクは、冬に暖かさ、夏は冷たさを放射するという意味で、「床下放熱タンク」と名づけられている。床下放熱タンクから放射される暖かさによって、室温に比べて、床面は約5℃、壁は1～2℃、天井は2～3℃高くなる。その結果、エクセルギーハウスでは快適な暖かさが生み出される（図12）。床と壁と天井の面の温度に快適さの秘密が隠されているのである（詳しくは第4章参照）。

図12　晴れの日の太陽熱温水暖房の仕組み

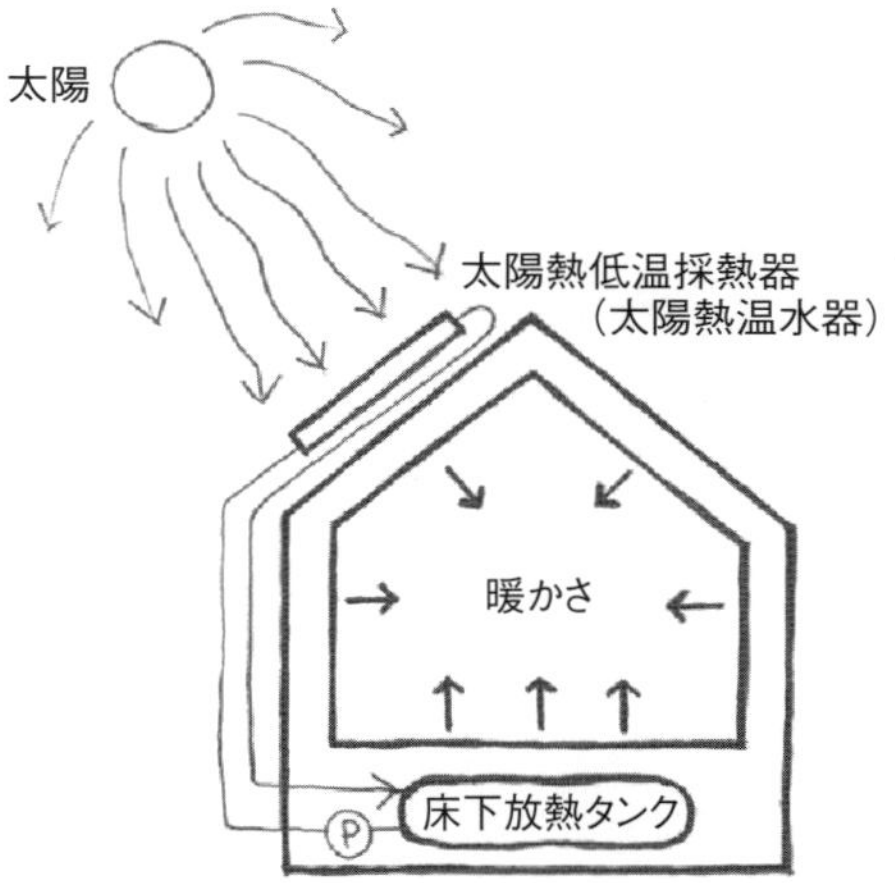

図13　冬の晴天率（%）

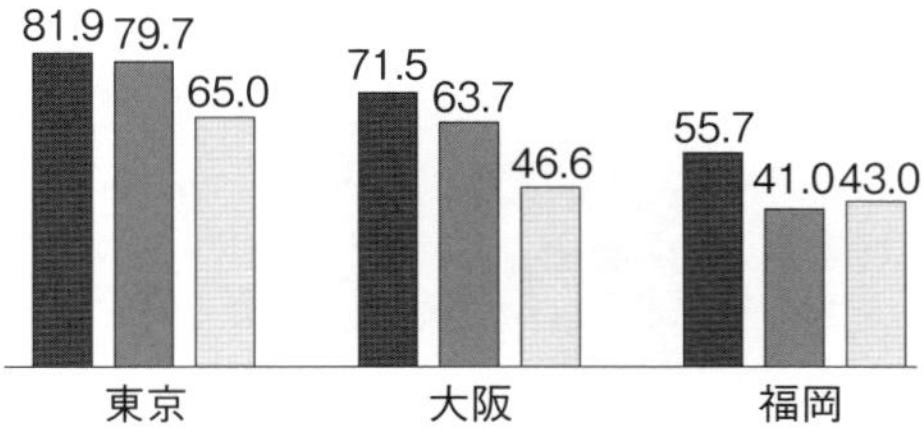

（注1）■12月、■1月、■2月。
（注2）1967～96年の平均。
（出典）気象庁「気象統計情報」。

東京の場合、12月から2月の晴天率は平均75％だ（図13）。関東地方より南の冬の晴天率は、日本海側を除いて6割以上になる。したがって、冬のほぼ3分の2の期間はこの方法で暖房できるといってよい。

コラム 1 エクセルギーハウスのここに注目!!

「詰まらない樋《とい》」はおもしろい

図14　詰まらない樋

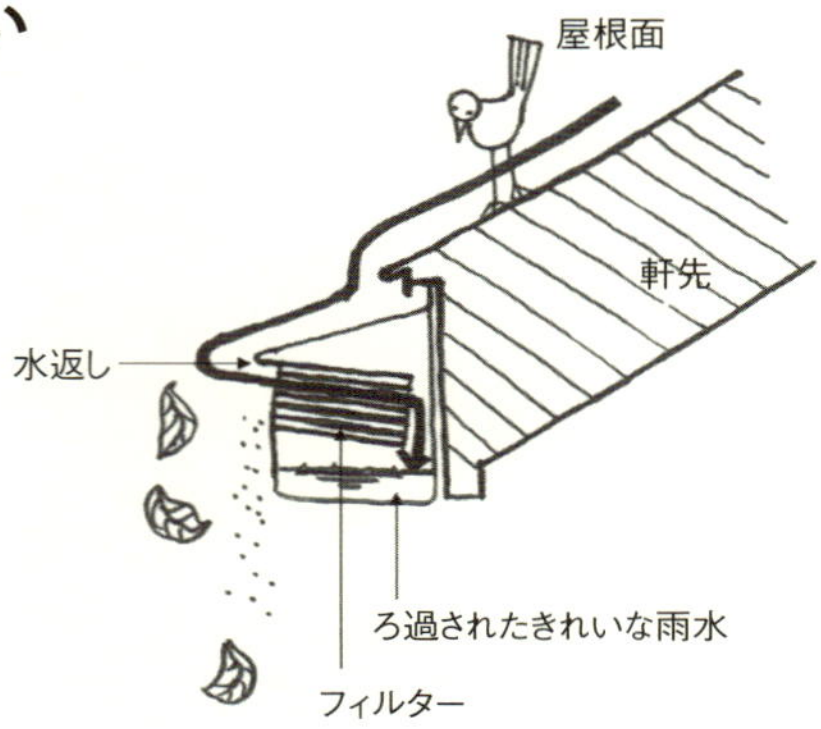

エクセルギーハウスを支える技術のひとつに「詰まらない樋」がある。雨水を集める樋に落ち葉やごみが詰まらず、メンテナンス不要で、きれいな雨水が供給できる。

通常の樋は上面がお椀のように開いているので、落ち葉が詰まる。それを避けようとして網を載せると、その上に落ち葉が詰まる。

こうしたいたちごっこを解決するために、「詰まらない樋」では上面が開いていない。だから、屋根から流れてきた雨は、樋の上面を通って最先端まで流れる。最先端には水返しがついていて、雨水は普通は放物線を描いて落水するが、この樋は先端から回り込んでボディー側に戻ってくる。醤油が醤油さしのさし口から本体ボディーに回り込む、「できの悪い醤油さし」と言ったら、わかっていただけるだろうか。この理屈を利用して、雨水が流れる方向を、水平方向に変えているのだ。

さらに、その流れが当たるところに、水平方向の流れの水だけを吸収ろ過するフィルターが設置されていて、きれいな雨水だけが樋内に入る。落ち葉など大きなごみは水返しで空中へはじかれ、砂など小さなごみは大地に垂直な面を露出させているフィルターの表面から地上に落下し、分離される。樋はフィルターにより密閉されているので、通常時もほこりは侵入しない。

通常のろ過装置は地下室などに置かれ、雨がほこりや落ち葉などと混ざってから処理する仕組みになっている。これに対して「詰まらない樋」は、最上流部で、砂や落ち葉が流れに乗っている段階で分離してきれいな雨だけを集める。

エクセルギーハウスにとって雨水は、暖房や冷房を司る大切な存在であり、きれいな水を得ることはとても重要である。

コラム2　エクセルギーハウスの　ここに注目!!

30〜50℃の低温水を効率よくつくる太陽熱低温採熱器（太陽熱温水器）

屋根の上に載せるパネルというと、太陽光発電（太陽電池パネル）を思いうかべる人が多いだろう。また、太陽熱温水器と太陽光発電を混同する人も多い。しかし、両者の機能はまったく異なる。

太陽の光を用いて直接温水をつくったり、冷媒液（不凍液などの熱を伝えやすい液体）を介在させて温水をつくるのが、太陽熱温水器である。一方、太陽の光を直接電気に変換して使うのが太陽光発電である。

太陽の光をエネルギー源として使う場合、現状では太陽熱温水器のほうが効率的である。太陽熱温水器は太陽のエネルギーを変換する効率が60%程度まで高められるが、太陽光発電は20%程度である。したがって、給湯や暖房には太陽熱温水器が適していると言えるだろう。

太陽熱温水器が導入されはじめたころ、風呂好きの日本人はもっぱら風呂の湯をまかなうのに使用した。だから太陽熱温水器は、夏にはとても役立つが、冬は温度が低いので使いにくいというイメージがある。しかし、暖房に使うのであれば、30℃程度のお湯が得られていれば十分だ。

エクセルギーハウスに設置している太陽熱温水器（太陽熱低温採熱器）は、30〜50℃という比較的低温の温水を効率よく得られるという特徴をもつ。真空のガラス管の中にヒートパイプと呼ばれる熱を伝えやすい採熱管が入っていて、太陽の光を熱に変えると同時に逃がさない。また、低温の熱を得るほうが高温を得るよりも放熱ロスを少なくできる。

さらに、この温水器を低温で運用しているのは、高温になると圧力調整や安全回路のために、電子センサーなどの電子制御が必要になるからだ。原発の安全管理でも明らかになったように、電子制御に頼りすぎると、故障時の対応が難しい。

なお、この太陽熱低温採熱器はエクセルギーハウスの特注品である。

◆天気の悪い日は太陽の光を蓄えた木がバッテリーに

天気の悪い日も心配はいらない。たとえば近くの森に行けば、晴れの日は太陽の光が燦々《さんさん》と降り注いでいる。その光の力を集めて天気の悪い日まで溜めておいてくれるものを利用すればよい。それは木だ。

晴れの日に太陽の光を浴びて光合成し、木は成長していく（図15）。毎年成長した分に相当する量だけ利用すれば、森林の木の総量は減らない。そこで、成長した分をペレットや薪にして天気の悪い日の燃料とする。ペレットは、製材くず、杉や檜《ひのき》などの間伐材を粉砕して圧縮し、カプセル状に成型した固形燃料である。日本の国土の3分の2を占める森林は、太陽の力を天気の悪い日に使えるようにしてくれる巨大なバッテリーといってもよい。

図15　森のバッテリー

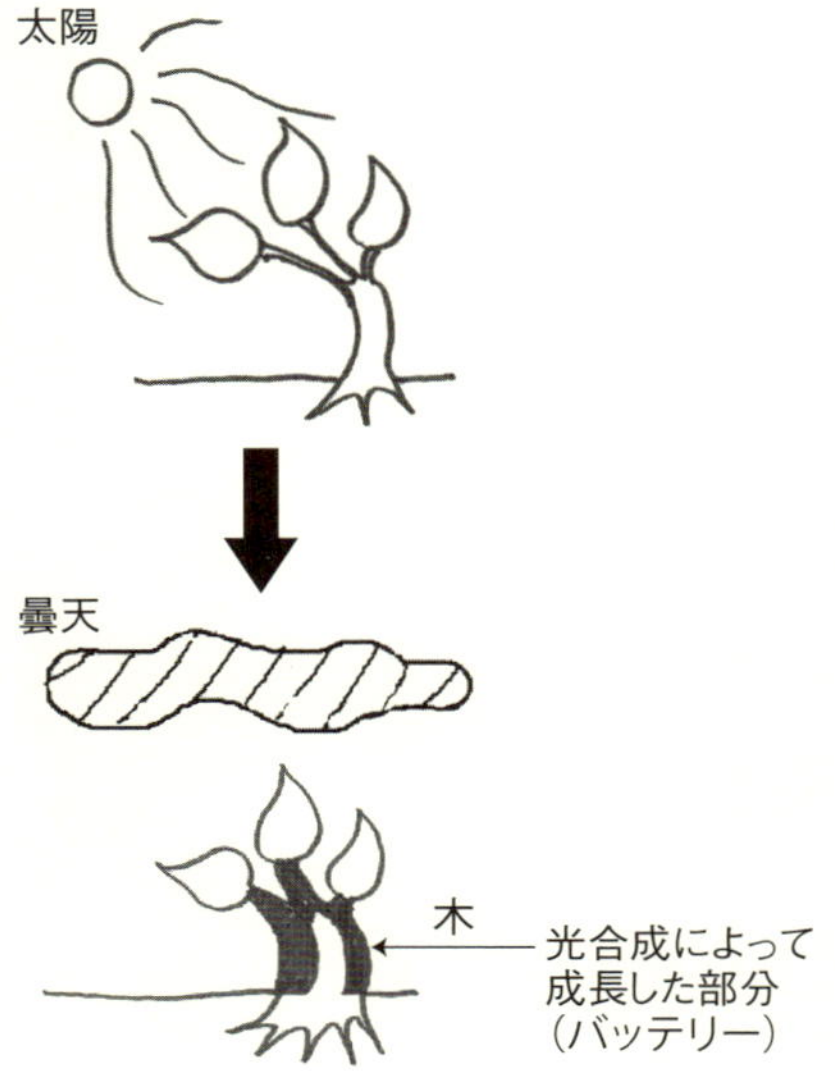

本来のエクセルギーハウスでは、冬の天気の悪い日はペレットストーブか薪ストーブを使う（図16）。いずれも、床下放熱タンクに溜められた雨水を暖めるボイラーの役割を果たしている。雨水を加温したお湯によって床と壁と天井の温度を上げ、建物全体を暖かくする。部屋を直接暖めるのではない。いわば面暖房方式である。

晴れの日には、床下放熱タンクの水を直接太陽で暖める。天気の悪い日には、ペレットや薪の力で加

図16　天気の悪い日の太陽熱温水暖房の仕組み

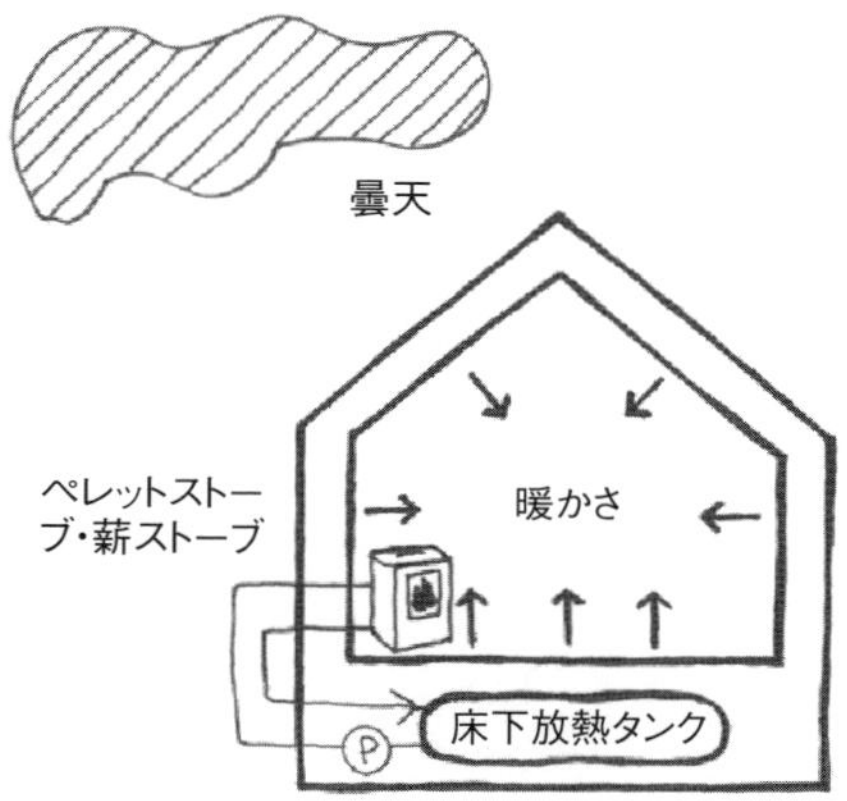

温する。

ペレットストーブや薪ストーブが部屋に一つあると、なぜだかうれしい。ガスストーブの青い炎と違って、毎日その炎を見ていても飽きないと、多くの人びとが言う。赤い炎のゆらぎが、寒い日を暖かく癒すからだろう。

◆窓を開けたほうが過ごしやすい家

エクセルギーハウスで冬に暖かく過ごせるポイントは、室内の空気に手をつけないことだ。通常の家では、室内の空気をエアコンやガスファンヒーターの中に引き込んで暖めてから吹き出し、空気をかき混ぜて暖房している。一方エクセルギーハウスでは、空気をかき混ぜたり空気の温度を直接上げたりはしない。床や壁や天井の温度を上げて、暖かさをつくりだしている。

太陽の光は熱をもたらすが、自然の状態で放っておけば散らかってしまい、利用できない。その散らかりを熱として集めるのが水で、エクセルギーハウスでは雨水である。雨水は身近な自然資源の中でもっとも熱を溜める。雨水のように熱容量が高い(27ページ参照)ものは冷めにくい。一般に使われているエアコンや石油ストーブは空気を暖めるから、スイッチを切るとすぐに寒くなる。だが、エクセルギーハウスでは、床下放熱タンクから床や壁や天井に蓄えられた暖かさが翌日までゆっくり持続する。さらに、「冬コラム3 エクセルギーハウスのここに注目!!

カーボンオフセットするペレットストーブ

ペレットストーブや薪ストーブは CO_2（Carbon dioxide）を発生させないと言われている。それは、なぜか？

まず、木が年々成長する分だけを使えば、資源としての木自体はなくならない。成長する分が、仮に間伐されて山に放置されると、バクテリアなどに食べられて朽ちる。その際に燃料として燃やすのと同等の CO_2 が発生する。山で朽ちさせても燃料として燃やしても、CO_2 の発生量は同じだから、「木を燃やしても CO_2 は増えない」と言われるのだ。

そして、木は CO_2 を吸収し、光合成によって成長する。その吸収量によって燃やしたときに発生する CO_2 を相殺するという意味で、「カーボンオフセットする」とも表現される。

ペレットを使えば、CO_2 の発生を増やさないだけでなく、国産材の消費につながるので、林産地にお金が流れるようになる。その結果、森林の手入れが進んでいく。

日本と同じように森林が国土に占める割合が高いスウェーデンやフィンランドでは、すでに、ペレットを含む生物由来のバイオマス資源によって、国内エネルギー需要の約 2 割をまかなっている。

に窓を少し開けて換気しても、閉めればすぐに暖かくなる」と住まい手は言う。エクセルギーハウスは、「日本で一番窓を開けられるエコハウス」と言えるかもしれない。

「家は夏を旨とすべし」と鎌倉時代から言われてきた。これは、窓をはじめとして、ドアや縁側に面する障子などの開口部が多い家を基本とせよという意味である。夏の湿気が要因のひとつだが、ここでは温度について考えてみよう。

図17 月別平均最高気温の推移(東京・フランクフルト)

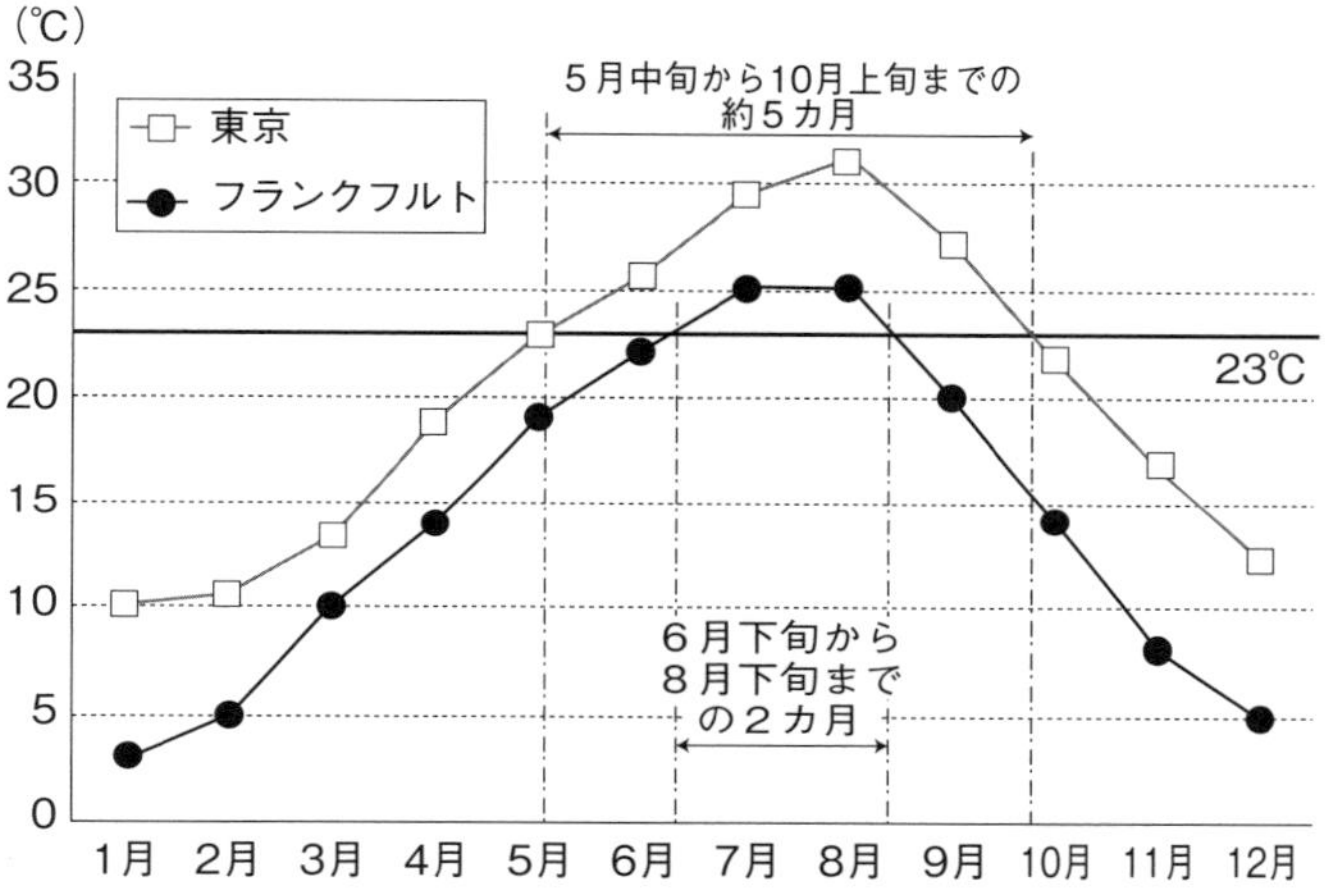

(出典)東京:気象庁「地点別データグラフ(世界の月天候データ)」(1981〜2010年)、フランクフルト:FORECA調べ。

一般に、気温が23℃を超えると、代謝が多くなり、汗をかきやすいといわれる。ドイツのフランクフルトと東京の月別平均最高気温の推移をみると、どちらも夏は高く、冬は低い。しかし、23℃のラインを基準に両者を比較すると、フランクフルトは23℃以上が7月と8月だけだが、東京は5カ月近くあることがわかる(図17)。

科学的見地から、窓を開けたほうが快適な温度が23℃以上と言っているわけではない。しかし、5月中旬から10月上旬の東京では、つい数十年前まで昼に窓を開けて暮らしていたという実感とほぼずれていないだろう。つまり、東京では窓を開けていられる期間が年間の4割程度なのに対して、フランクフルトは7月と8月以外は閉めたほうが過ごしやすいのである。

したがって、環境先進国と言われるドイツや北欧諸国では、家の省エネ性能を考えるとき、窓を閉めた状態を基本にする。一方、日本のエコハウスやパッシブハウスの多くは、気候条件が異なるドイツや北欧諸国の真似をして、年間の大半で窓を閉めた状態を基本にし、エアコンなどで涼しさや暖かさを得ようとしている。実際には、北海道や一部の寒冷地域を除けば、日本で窓を閉めた状態を基本にするのは決して適切ではない。

エコハウスとは地域の生態系（エコロジー）に合わせた家であり、パッシブハウスとは地域の自然条件を受け入れ（パッシブ）て、活用する家である。窓を開けることを基本に据える住まいが日本で適切なのは明白だろう。

エクセルギーハウスは、日本の地域に合った、日本ならではの気候条件を活かしたエコハウス、パッシブハウスである。窓を開けることによって、夏は涼を得られ、冬は暖かさが持続する。それは、窓を閉め切って外部とのつながりを閉ざした空間より、ずっと合理的であり、はるかに健康的と言えるだろう。

◆人間1人は100Wの温熱源

窓を開けられるエクセルギーハウスは、ちょうど魔法瓶のように、暖かさや涼しさを保つ家である。これは、かなりの断熱性能をもつことを意味する。断熱性能が高いから、太陽熱を蓄えた雨水が家全体を暖められる。

同様に、エクセルギーハウスでは、私たちの身体からの放熱（熱の発生）も無駄にせず、暖房に活かす。人間が身体を動かしている場合、成人1人あたり約100W分、子ども1人あたり約75W分の放熱をしている。5人家族であれば、静かにしたり寝ている時間も考慮に入れて、合計300W前後になる。これは、あなどれない熱源である。

パネルヒーターや赤外線ヒーターを見ると、側面や裏面に、500Wとか1000Wと書いてあるはずだ。それに近い熱が人体から出ているにもかかわらず、その事実は忘れられがちである。実際には、暖房器具と同じように、人体からの放熱によっても部屋を暖めている。その熱が家の外に逃げていかないようにすることが、冬に快適に過ごすためには大切である。エクセルギーハウスでは、この視点で断熱、壁や床下空間などの空気の動きの制御といった工夫が重ねられてきている。

3　雨水の蒸発で夏を心地よく過ごす

◆雨水冷房の主役は天井冷放射パネル

東京や大阪など日本の大都市の平均気温は、20世紀に3℃以上も上昇した（図18）。舗装面、ビル外壁面からの輻射熱（面から放射される熱、放射熱ともいう）、冷房や車の排熱などによって、都市部ほど局地的に気温が高いヒートアイランド現象が発生しているからだ。

快適に過ごすための夏の室温の目安は27℃と言われている。27℃は一般的に、かなり暑い印象がある。

図18　東京の年平均気温の推移

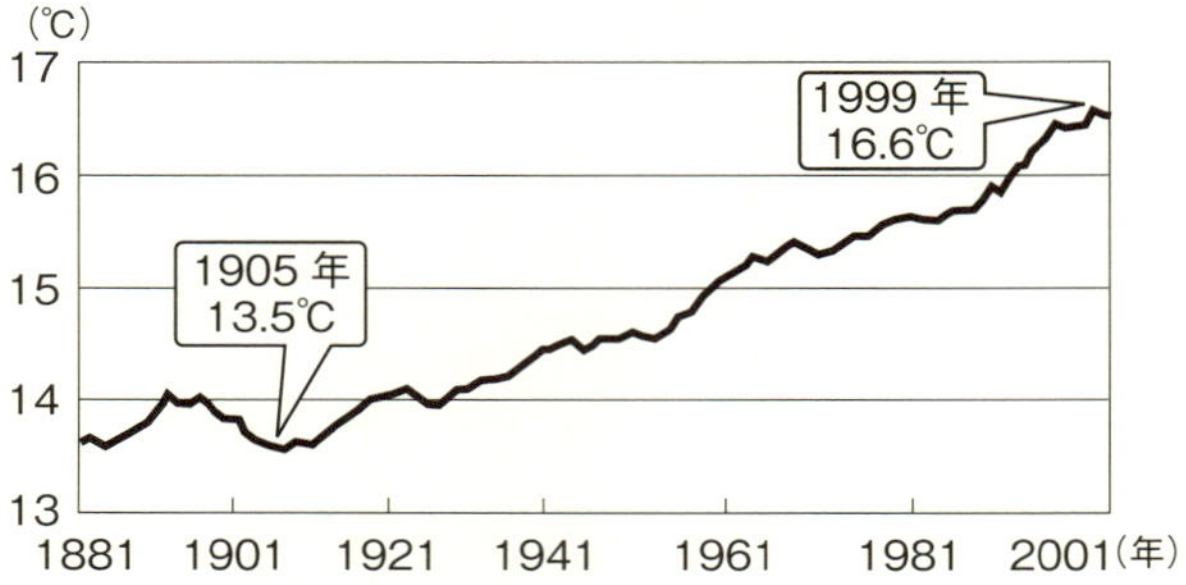

（出典）気象庁ホームページ。

ところが、エクセルギーハウスでは室温が30℃でも、それほど暑苦しく感じない。実際に体感した誰もが、そう話す。この理由は、床や壁や天井の温度が30℃より2〜3℃低いからである。エクセルギーハウスではこうした周囲面の温度に注目し、身体に負担をかけない環境をつくりだしている。

床や壁や天井の温度を低く保つために使われるのは、冬の暖房と同じく雨水である。雨水冷房は、効果の大きいメインシステムと、効果の小さいサブシステムから成り立つ。

メインシステムは、天井面からの冷放射だ。その要は、天井の裏と小屋裏を夏の間だけ通り抜ける自然の風である（屋根と天井の間を小屋裏という）。小屋裏通風扉という室内からは見えない断熱性の高い扉を設け、夏だけ開けている（図19）。

天井面は一見、白い漆喰塗のように見えるかもしれないが、落ちついた白に塗装された金属板でつくられ、その上面全面（天井の裏側）にグラスファイバーが貼られている。この仕組みを天井冷放射パネルと呼んでいる。300Wの太陽電池を駆動して床下放熱タンクから雨水の一部を汲み上げ、夏はグラスファイバーを常時湿らせておく。水がしたたるほどではなく、干す前の洗濯物くらいの状態が好ましい。

湿ったグラスファイバーの上を、自然のそよ風が流れる。関東平野では、夏に平均1・5メートルの風

図19　雨水冷房のメインシステム

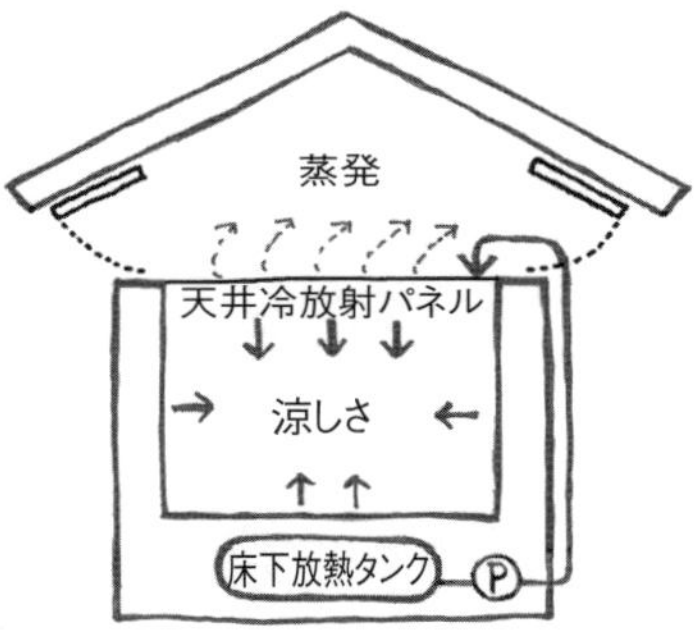

が吹いている。この風が小屋裏を通り抜け、湿ったグラスファイバーから蒸発冷却を得る。たとえば、夏に水浴びしたとき、風が拭いてくると涼しさを実感する。これが蒸発冷却だ。水が蒸発するためには、周囲から熱を奪わなければならない。熱を奪われた身体が冷たさを感じたわけだ。

金属板は、熱伝導率の高いアルミ、亜鉛、ガリバリウム鋼板でできている。蒸発冷却によって金属面が冷やされると、天井が冷たくなって室内を涼しくする。こうして天井面の温度が外気より5～6℃も低くなり、床や壁や天井の平均温度を室温より2～3℃下げる。この天井冷放射パネルによる冷却能力は、サブシステムの約10倍だ。

木は雨水を地中から吸って、葉の蒸散作用をもたらす。エクセルギーハウスでは屋外に水蒸気を木と同じ速度で拡散させて、室内に冷たさをもたらす。人類より長く存在してきた木のいとなみに学び、そのごく一部を建物に活かすと、大きな効果が生み出されるのである。

◆サブシステムは床下放熱タンク

日本の多くの地域は、冬より夏のほうが雨が多い。夏の雨の温度は25℃くらいだ。夏の室温を27℃にするとき、2℃低い25℃は相当な価値をもつ。雨が降るたびに床下放熱タンクに溜める。その雨水の冷放射によって、床や壁や天井の温度が25℃に近づいていく。これが雨水冷房のサブシステムである。一見不思議かもしれないが、これは「放射効果」という物理現象だ。

夏も冬と同様に、直接空気を冷やしていない。雨が降っていなければ窓を開けて風を通すと、より涼しく感じる。冷放射が効いた部屋に通る自然の風の心地よさは、他に代えられない。

エクセルギーハウスには、北側の涼しい空気を取り入れる窓がいくつかある。また、暖まった空気は上へと流れるから、天井の近くに排湿・排熱のための窓（26ページ図10）を設けている。これらの窓によって、より快適な室内環境をつくりだす。

雨水の冷放射と風は身体への負担を軽くし、電気代もかからない。エアコンで室温を制御する部屋ではありえない、自然な心地よさをもたらす。このように自然のいとなみの力で計画的に床や壁や天井の温度を室温より低く保って部屋を涼しくする仕組みは、世界中でエクセルギーハウス以外に存在しないだろう（伝統的な洞窟や土の中の家は除く）。

◆夏、窓を開けて涼しく過ごす

夏は、さらに住まい手による窓の開け閉めが加わる。エクセルギーハウスは、風がよく抜けるようにつくられている。風況（風向きや風速など）の調査をしっかり行い、どこから風が来るか、どこに抜けるかを設計の基本にしているからだ。それが雨水冷房と対をなして、涼しさをもたらす。

エアコンをつけていれば、必ず窓を閉める。だから、全国の家の大半は夏の間、窓が閉められている。

これに対してエクセルギーハウスに住む人たちは、夏でも大半は窓を開け放して過ごす。床や壁や天井の温度が低ければ、人間は外から入ってくる風をさらに涼しいと感じる。

図20でわかるように、北側の地窓から涼しい風を取り入れ、南側からの風は北側の高所につけられた排熱・排湿窓へ抜けていく。住まい手だから細やかな窓の開閉ができる。庭がある場合は、家の南側に夏だけ日陰をつくる落葉樹を配し、北側に冷熱を蓄える生け垣や石垣を配す。風が建物に入ってくる前にあらかじめ冷やす工夫だ。

図20　建物の周囲とともに考える風の道

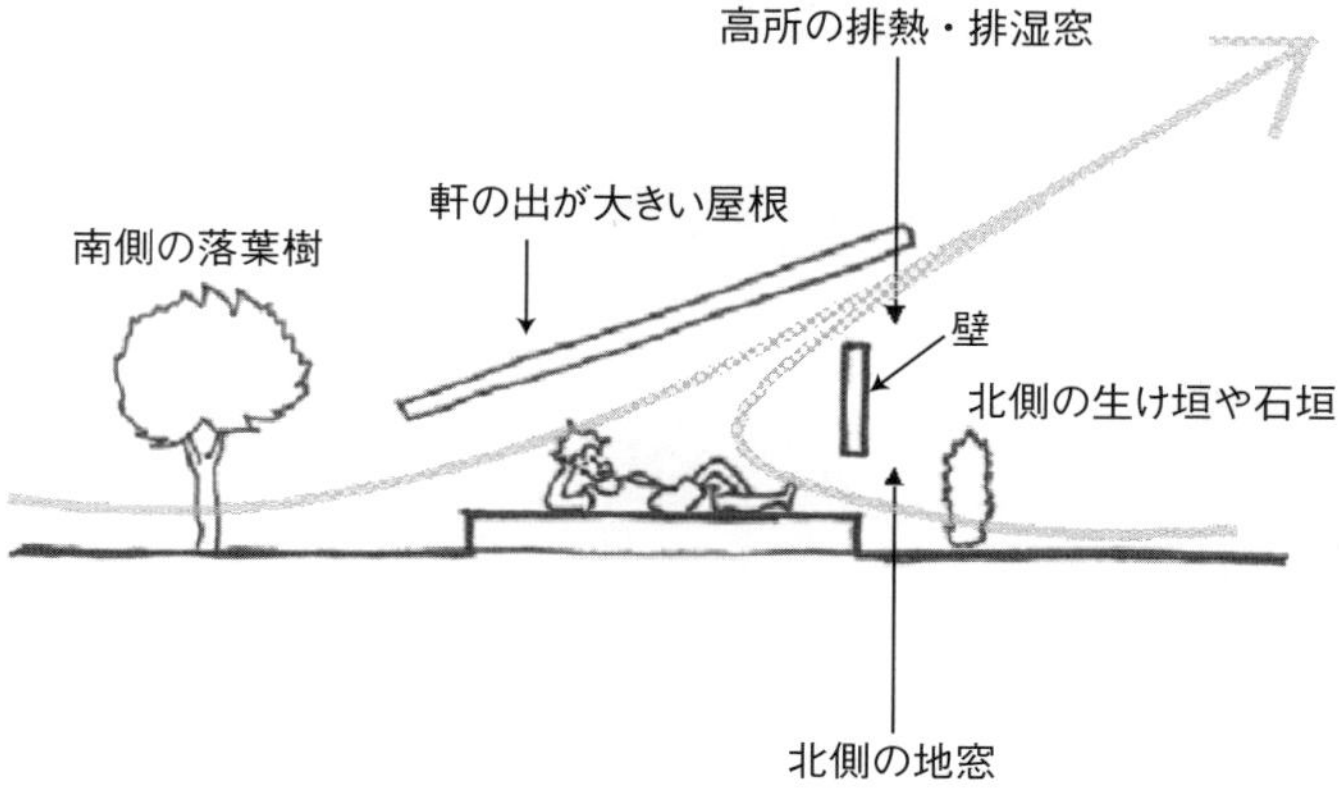

さらに、エクセルギーハウスならではの独特なガラス窓と扉がある。窓のガラス面は夏はほぼ35℃を超えるので、窓を開けて風を通し、内側の扉は閉める（42ページ写真キャプション参照）。すると風は通るし、ガラス窓を扉で覆った分だけ室温より低い周囲の面が増えるから、涼しさが増す。室温が30℃程度なら、内側の扉の室内側の面の温度は28℃程度になる。この扉には「周囲面プラス扉」（26ページ図10）という変わった名前がつけられている。この窓の開閉も楽しい。

ただし、最近の東京では、最高気温が35℃を超える猛暑日が少なくない（2013年は12日）。35℃以上になると予想される日は、朝から夕方まで窓を閉める。外からの風を入れるよりも、雨水冷房によって冷えた室内の冷熱が外へ逃げない方法を選択するほうが涼しいことがわかったからだ。猛暑日には、扇風機やエアコンも活用している。

窓を適切に開け閉めする習慣が、快適な住まいを実現する。自分で感じ、計画し、調整するというよう

周囲面プラス扉を完全に開けたとき(上)と
完全に閉めたとき(下)。夏はガラス窓を開けて、
周囲面プラス扉を風が通る程度に開ける。

に、建物に主体的に住まい手がかかわることが大切である。

4　排水を浄化するエクセルギー技術

◆生きもののいとなみの力で排水浄化

エクセルギーハウスのモデルハウスである小金井市(東京都)の雨デモ風デモハウス(現・環境楽習館、96ページ参照)の前には、小さな水路がある。濁って汚れた水が流れているように見えるが、よく観察するとメダカやドジョウが泳ぎ、稲やクレソンやセリも育っている。これは庭の畑に自動的に水やりするための仕組み(水と空気が常時適切に、自動的に、プランターの底面に供給される。これを底面灌水方式という)であり、稲などを収穫するスペースであり、同時に家から出た排水を浄化する「食菜浄化水路」である。

本来のエクセルギーハウスでは、キッチンの排水を隣の生きものたちの活躍によって人間が飲めるまでに浄化する。そこでは、暖房の際に太陽の光を集めて雨水を暖かくしたのと同様の考え方を取り入れている。ここで何を集めるかと言えば、キッチンの流しから水路に流れ込む(散らかっていく)調理くずや、皿に付いた食べかすなどである。これらは人間から見ればごみだが、水路のまわりに生きるさまざまな生きものたちからすれば栄養分だ。

水路の上流では栄養分の濃度が高く、下流にいくにつれて低くなる。生きものたちが自分の好みの栄養分を選択し、食べて(吸収して)集める。言い換えれば、それらを栄養にして生きものたちが育ち、身体を

図21　食菜浄化水路の基本的仕組み

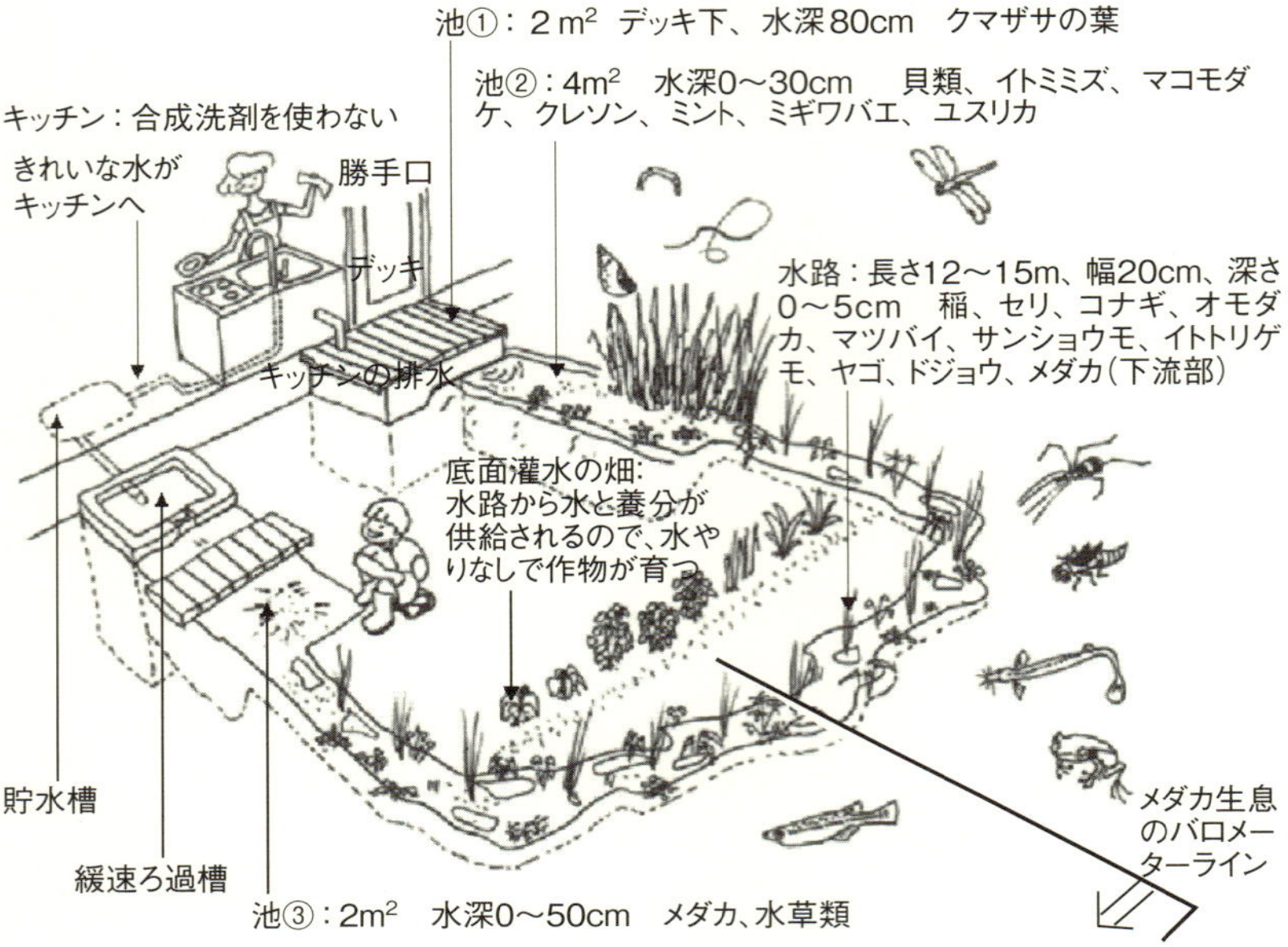

つくっていく。そこには人間も加わる。育った稲やクレソンやセリを集めて(収穫して)食べるからだ。

仕組みは図21を見てほしい。キッチンから出た排水は最初に、排水の臭いを抑え、ある程度ろ過させるクマザサの葉を入れたデッキ下の蓋付きの池①へ流れ込む。その水は、もっとも栄養分の濃度が高い(普通この状態をもっとも汚れているという)池②に流れ込む。そこでは、貝類やイトミミズ、マコモダケ、クレソンなどが栄養分を食べる(吸収する)。

続いて、栄養分の濃度が少し下がった長さ12～15メートルの水路へ。ここでは稲、コナギやオモダカなど田んぼの雑草、サンショウモ、ヤゴなどが栄養素を食べる(吸収する)。水路の中流部になると、栄養分はかなり薄い。そこでは、ドジョウやメダカが元気に暮らし、薄くなった栄養分を食べる。ただし、排水の負荷が高い（養分濃度が高く、生きものに対する影響が大きい）とメダカの生息域が下流部分だけに縮小する。水路の中流部は、メダカの生息域によって排水の負荷がわかるバロメーターラインといえる。

多様な生きものがいるほど多様なものを食べる（吸収する）ので、水がきれいになる。池③には、メダカや水草類が暮らすのに必要な深みや日陰、隠れ家を用意しよう。ここを経て最終的に自然の微生物が暮らす緩速ろ過槽に入り、人間が飲める水になる。

こうした生きものは、都心や市街地ではなかなか見つけられない。有機農法を行っている田んぼに行って、生きものがたくさんいる土壌と根の付いた雑草を分けてもらう必要がある。バケツ数杯で十分だ。そこには、イトミミズ、ヤゴ、浮き草などが含まれている。メダカの卵も入っているかもしれない。

自然のいとなみの力でゆっくりろ過された水は、本当に美味しい。最近は都市部でも異臭味を除去するための粉末活性炭やセラミック膜ろ過による高度処理が実現している。だが、それらにはかなりの経費がかかることを忘れてはならない。

この食菜浄化水路では、キッチンの排水のみを水源として、絶滅危惧種のクロメダカやサンショウモ、イトトリゲモなどが増えていく。なぜ、絶滅危惧種が増えるのか。それは、エクセルギーハウスのキッチンでは合成洗剤を使わないようにしているからだ。絶滅危惧種は、生まれながらに弱い存在ではない。合成洗剤に不適応なだけだという研究者の指摘の正しさが証明された（坂下栄『合成洗剤 恐怖の生体実験』メタモル出版、1991年）。もちろん、野菜や稲も農薬や化学肥料を使わないほうがいい。この水路を見ていると、環境にとって何がいいのか悪いのかが自然にわかってくる。

なお、夏に茂った草を放置すると腐って、かえって水を汚す場合がある。刈り取って、クレソンやセリはせっせと人間が食べ、その他は畑や庭に返して生きものたちに食べてもらおう。「常に収穫して食べる」ことが、水路をきれいに保つ秘訣でもある。

図22　散らかすことと集めることの連鎖をつくる

◆散らかすことと集めること

食菜浄化システムに象徴されるように、自然界は散らかすことと集めることの連鎖で成り立っている（図22）。無駄になるものは何もない。たとえば、魚が排水に含まれる栄養分を食べて糞をすれば、それが肥料になる。人間は調理によってさまざまなものを散らかす。生きものたちがそれらを集めて栄養分として摂取し、成長する。料理を作ると厄介な生ごみや排水が発生する、と考えがちだ。しかし、本来料理とは、私たち人間と隣人である生きもののの食べ物を作り、分け合う作業である。

ユスリカやトンボなど多くの隣人（生きもの）は、栄養素を食べて（吸収して）成長し、遠くへ巣立っていく。植物や大型の魚のように巣立たない、あるいは他の生きものに摂取されない隣人（生きもの）は、死んで腐る前に、私たちが小まめに採取して水路から取り出す。この両方の行為によって水中の栄養分が外へ持ち出され、水がきれいになる。

暖房も冷房も浄化も、自然のいとなみ、生きもののいとなみ、人間のいとなみを活かしている。エクセルギーハウスはいとなみを活かす新しい技術体系にもとづく住まいであり、散らかすことと集めることの連鎖をつくる住まいである。

5 エクセルギーハウスを支える裏方技術

◆躯体の健康を考える

エクセルギーハウスには、建物の主要な構造や骨組み（基礎・床・壁などの躯体）を健全に保つためのさまざまな工夫もある。

たとえば、夏に湿気が溜まりやすい床下には、自動制御でファンが回っている。屋根面近くにある乾燥させた杉の板の間に風を通し、その乾いた空気を縦のダクト（換気や空調用の管）を通じて床下に運ぶのだ。動力には太陽電池を利用する。夜間に20％程度除湿した風を床下に通すと、室内も除湿され、かなり過ごしやすくなる。また、躯体を劣化させる腐朽菌の増殖を抑えるので、耐久性が高められる。乾燥した空気や風を通すことは、白アリ対策としても非常に有効だ。

窓を開ける、猛暑日にはエアコンをつけるなど室内の空気を触るのは、住まい手に任せるほうがよい。そのうえで、壁や床や天井などの見えない部分をしっかり整えるのは建築家の仕事である。ここで紹介した小さいけれども大事な工夫は、いわば「裏方としての建築技術」だ。それらもエクセルギーハウスを支えている。

◆土台の結露を防ぐケーキ丸

建物の強度を確保するという理由で、国は建物の基礎や土台を固定するために埋め込む、鉄製のアンカーボルトが重要とし、かなりの数を建物に取り付けるように定めている。最近のエコハウスでは、断熱性を高めるために断熱材をふんだんに使う場合が多い。ところが、断熱材を入れると、冬に土台が暖かくなる。鉄は熱を伝えやすいので、アンカーボルトが結露して周囲の土台が濡れて腐り、締め付けるというアンカーボルトの機能が失われる場合がある。これでは、建物の強度を確保する根幹が失われてしまう。

そこで、「ケーキ丸」の登場だ（図23）。結露しやすいアンカーボルトの頭にケーキを焼くときに使うようなクッキングシートを巻き、ウレタンをスプレーして膨らませる。ケーキの作り方と似ているので、ケーキ丸と呼んでいる。熱伝導率の低いウレタンをボルトの頭に巻いて、結露を防止するのである。

小さな工夫だが、ケーキ丸は躯体の健全

図23　ケーキ丸の仕組み

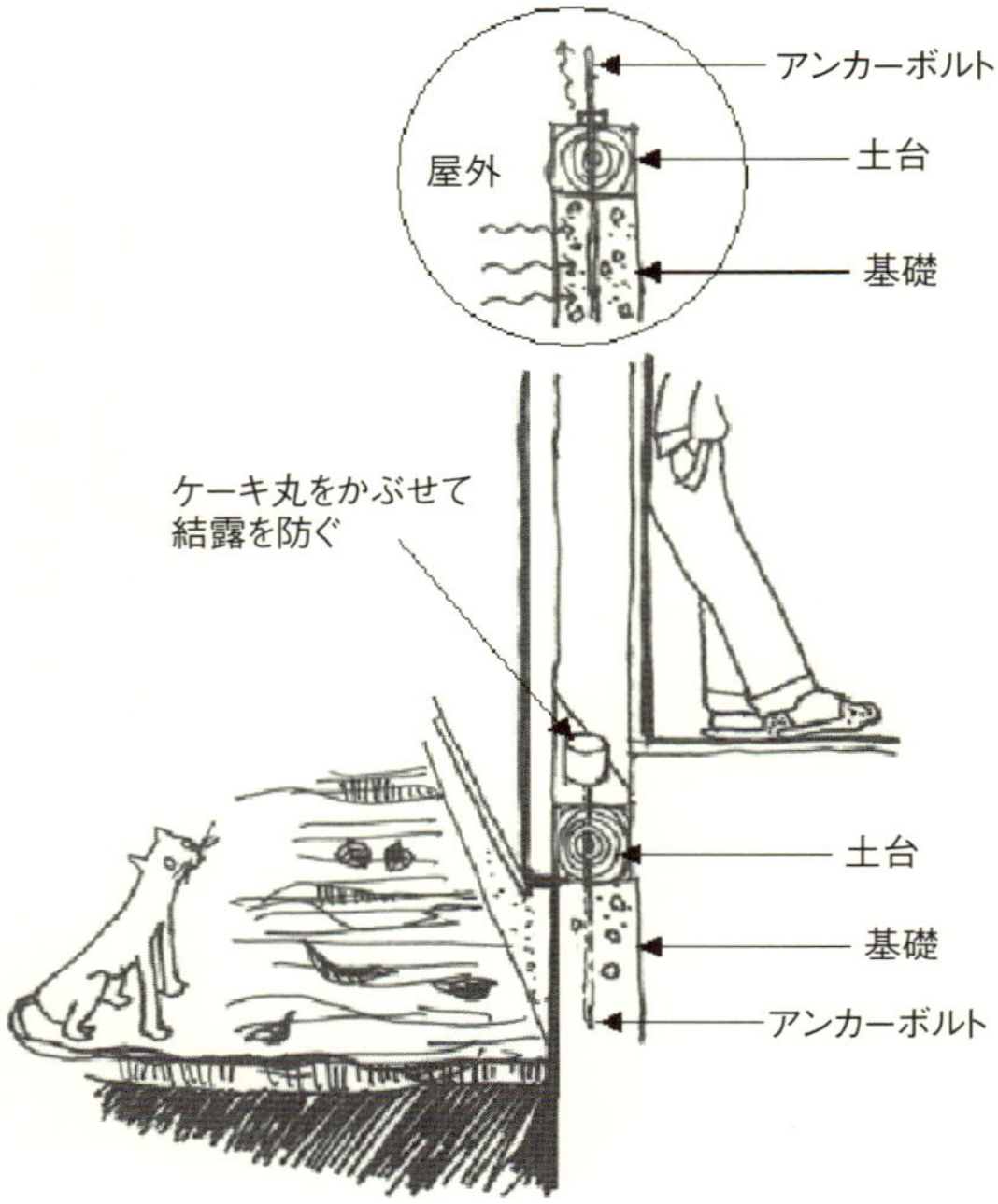

性と耐久性を高めるためになくてはならない部品である。現在はオリジナルで製造している。建物の共通部品として製造するメーカーが登場しないだろうか。

◆ゼロ気圧で水を流す仕組み

私たちが使っている一般の上水道は、2気圧くらいで水が流れている。2気圧とは20メートルの高さから水が落ちるときの圧力で、水にそれだけの圧力をもたせるために電力が使われている。

全国の地方自治体の水道事業が上水道供給のために使っている電力は、年間約78億kwh（水道技術研究センターの2001年度実績値）。ダムなどの水源からポンプで取水し、浄水場まで水を引いて浄水し、ポンプで加圧して各家庭へ配水する。当然、各過程で電力を使っている。下水道も同様だ。各家庭からの排水をポンプで導水し、下水処理場で浄化し、ポンプで加圧して放流する。その過程では年間約71億kwhを使うという（日本下水道協会のデータ）。水を使うときには膨大な電力も使っているのである。

一方エクセルギーハウスでは、雨水を流す際になるべく電力を使わない。屋根から床下放熱タンクまで勾配をつけて、自然に雨水が流れるように配管を工夫している。食菜浄化水路も同様である。職人が水準器（地面に対する傾斜や角度を調べる器具）を携行しながら配管する。17世紀に江戸市中の人口が増えて水が足りなくなったとき、多摩川から四谷大木戸まで43キロを100メートルの勾配で流す水路が設けられた。この玉川上水のように、勾配をとれれば電力を使わずに水を供給できる。

コラム 4 エクセルギーハウスの ここに注目!!

水道水よりきれいな雨水を使う

私が育ったのは武蔵野の大地、東京都小金井市だ。野川や国分寺崖線に沿った「はけ」(丘陵・山地の片岸)の道があり、森には自然の泉がたくさん湧いていた。森一面の足元に水がひたひたとある。浅い湧水に樹木が林立している。そこで水中に沈む色とりどりの落ち葉を蹴り上げながら遊んだのが、私の原風景だ。

折から高度成長時代、こうした風景がどんどん消えていくことに違和感があり、環境について真摯に考えたいと思った。大学では水環境に興味をもち、水をデザインする建築研究室に入る。その後は、国や自治体の河川局の仕事をはじめ、水循環にかかわる都市計画と建築設計に携わってきた。

長い水循環とのかかわりをとおして、雨水に対して一般の人がもつ印象が事実と異なっていると感じるときがある。たとえば、雨水には水道水よりも化学物質が多く溶け込んでいると思っている人が多い。しかし、雨水と水道水のフロー(流れ)を見ると、その誤解に気がつくだろう。

雨水は、天空で誕生するときに自然の力で蒸留に近い浄化がなされている。したがって、もともとは何も含まない蒸留水で、空気中の酸性物質などを巻き込んで降ってくる。これに対して水道水は、雨水、農薬や化学物質を含む表流水、そして下水処理水などが混じった河川水や湖沼水を浄化して、つくられている。

東京都のように高度処理(小さな穴しか開いていないフィルターを通す、ろ過過程を含む)をした水道であれば、かなりの物質を除去する。しかし、一般の水道はそうしたフィルターを通していない。当然、水道水のほうが雨水より溶け込んでいる化学物質は多くなる。

草木も建物も、雨水によって洗われる。雨水は地球を清めてくれる唯一の水なのだ。雨水が汚れてしまったら、地球も汚れる。だから、雨水は決して汚してはいけない。そもそも、適切な採取方法を行えば、それほど汚れた存在ではない。

エクセルギーハウスでは、雨水を入浴で使いたいなど施主の希望に合わせて給湯設備を設計する。雨水での入浴は、水道水に比べてとても気持ちいい。一般の水道水はある程度の硬水(カルシウムやマグネシウムなどのミネラル分が多い)だが、雨水は軟水(ミネラル分が少ない)だからではないだろうか。

第2章　エネルギーからエクセルギーへ

1　もはやエネルギーでは語れない

◆一般でいうエネルギーと本来のエネルギー

エクセルギーハウスは、エクセルギーの概念を建築分野に応用している。エクセルギーについて説明する前に、誰もが知っているはずのエネルギーにふれておかなければならない。「知っているはず」という思いこみをとらえ直すことが、エクセルギーを理解するために不可欠だからである。

一般にエネルギー資源は、こう考えられている。

「原材料の化石燃料やウランを遠くから運び、火力発電所や原子力発電所などの大規模な施設と仕組みによって供給し、物を動かしたり熱を得たりするのに有効な資源」

ところが、こうしたエネルギーのとらえ方と、本来のエネルギー、つまり物理学上のエネルギーの定義は、著しく異なっている。以下、物理学上のエネルギーの二つの特性を説明しよう。

①エネルギーは、無から創り出すことも消滅させる(無にする)こともできない。

熱力学第一法則はエネルギー保存の法則とも呼ばれ、いかなる過程においてもエネルギーは保存されることを表している。言い換えれば、エネルギーは増えたり減ったりしない。

物理学上では、運動エネルギーが熱エネルギーに変わるというように、エネルギーが姿を変えることはある。序章で説明したように、毎日ほぼ一定量のエネルギーが地球に降り注ぎ、同量が宇宙に放出される。私たちはそのルートの一部を変更して活用しているにすぎない。私がよく使う表現で言えば、エネルギーは、「借りて返す」存在である。つまり、収支は変わらないから、「エネルギーを創る」という表現は物理学上ではあり得ない。

序章でふれたコンピュータの例を思い出してほしい。パソコンに入った電気エネルギーの流れが熱エネルギーや光エネルギーなどの流れに分岐しただけであり、決して消費しているわけではない。

②すべての自然現象において拡散が主役である。

熱の全量が、電気、光、力学のエネルギーに逆戻りすることはできない。たとえば、熱エネルギーから取り出せる電気エネルギーは６割程度である。だが、残りの約４割を熱として拡散させ、周辺環境に捨てないかぎり、それを実現できない。一方、電気、光、力学のエネルギーは、全量が熱となって拡散していくことができる。この拡散という自然現象における変化の一方向性を、物理学では熱力学第二法則と呼んでいる。つまり、すべての自然現象において拡散が主役なのだ。

私はこの本で、拡散を「散らかる」と表現する。ただし、この散らかりという現象は、分子レベルの物質とエネルギーに関わる領域の物理現象にしかあてはまらない。

◆エネルギーの正確な表現

このように、エネルギーに関する物理学上の特性を知ると、いままで当たり前と思っていた創エネや、少しでも消滅させようという意味の省エネは、真実の現象を正確に語っていない表現であることに気づく

表１　エネルギーに関する表現と傾向

物理学上不適切な表現	不適切な表現がもたらす社会的傾向	代わる表現
創エネ	無から有が生み出せるという錯覚	エネルギーの変換利用
エネルギーを消費する	消えてしまったかに見えるものの行方を考えなくなる	エネルギーを使う エネルギーを移動する エネルギーを変換する
エネルギー消費量	消費感覚を狂わせる	エネルギー使用量 エネルギー移動量 エネルギー変換量

だろう。

一般的にエネルギーについて使用されているなかで、物理学上のエネルギーと大きなギャップのある不適切な表現と、それに代わる表現を表１に整理した。

「創エネ」は「エネルギーの変換利用」、「エネルギーを消費する」は「エネルギーを使う、移動する、変換する」と表現したほうが、正確に伝わるだろう。また、誰もが使う「エネルギー消費量」は、一般の人にエネルギーに対する〝消費できる感〟を感じさせてしまう。「エネルギー使用量」「エネルギー移動量」「エネルギー変換量」と表現したほうがより実態に近い。

◆エクセルギーが消費を示す

ここで浮上してくる概念が、物理学で使われるエクセルギーだ。エクセルギーは、エネルギーやエントロピーとともに、熱や仕事に関わる現象の大きさや変化の状況を表している。エクセルギーは、エネルギーと関わりの深い、エネルギーの親戚のような概念ととらえておいてほしい。エクセルギーは、さまざまな現象をエネルギーとは違った視点で見ることができる。

「エネルギーを使っている際に、何かを消費しているような気がする」という感覚は、ある意味で正しい。エネルギーは消費できないけれど、他の何かを消費しているのである。その何かがエクセルギーである。「エネルギー消費量」の代わりに、正確には「エクセルギー消費量」と表現できる。

エネルギーは借りた量と同じ量を返す「借りて返す流れ」について語るときに用い、消費に関わる場合はエクセルギーを用いるという分業が、エネルギーについての誤認を解消するのではないだろうか（図24）。以下、その理由を解説しよう。

図24　エネルギーとエクセルギーの役割分担

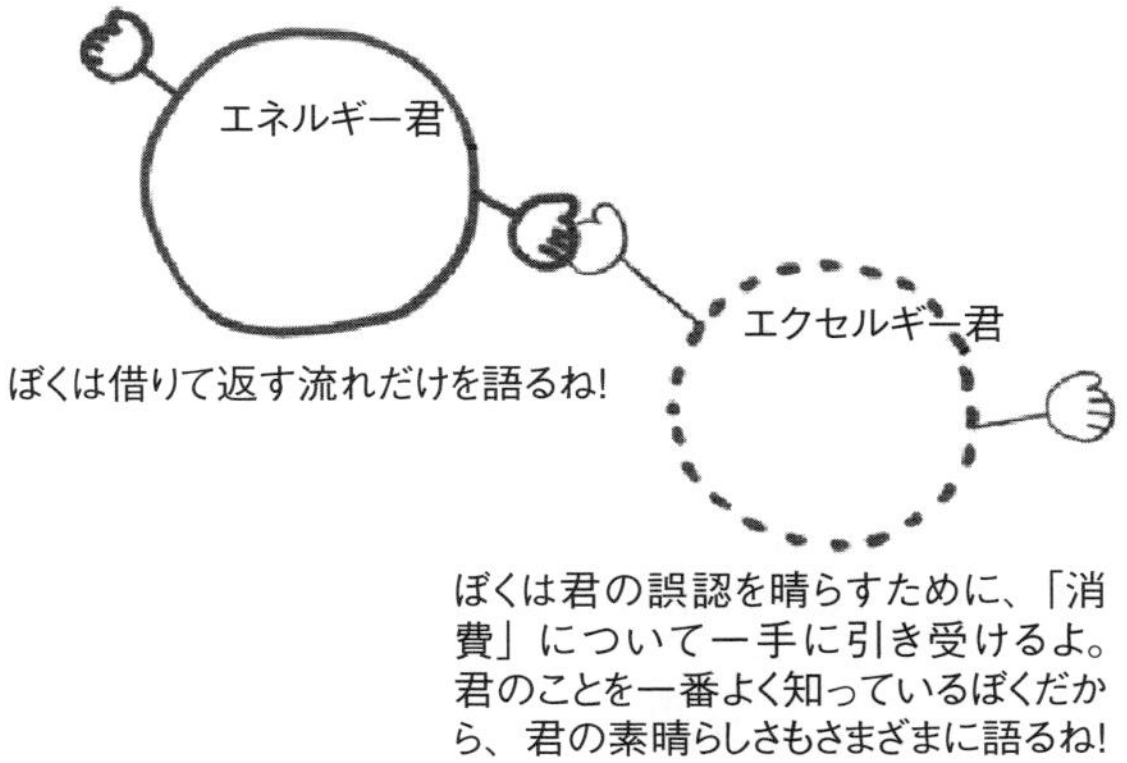
エネルギー君
エクセルギー君
ぼくは借りて返す流れだけを語るね!
ぼくは君の誤認を晴らすために、「消費」について一手に引き受けるよ。君のことを一番よく知っているぼくだから、君の素晴らしさもさまざまに語るね!

◆エクセルギーは、エネルギーの質の違いを示す

エネルギーがさまざまに姿を変えても全体の量は変わらないが、エクセルギーの量は変わる。エネルギーとエクセルギーは親戚のようなものと述べたが、エネルギーの数割をエクセルギーが占めるという関係性にある。

たとえば、力学的エネルギーや電気エネルギーはもっとも質が高い。もっとも質が高いということは、エネルギーに占めるエクセルギーの割合が１００％であることを示す。つまり、「電気エネルギーが１００Ｊであれば、それがもつ電気エクセルギーは１００Ｊである」。反対に、０〜１００℃の水は、そのもっている

表２　エクセルギー率の違いが示すエネルギーの質

エネルギーの種類	エクセルギー率
力学的エネルギー	100%
電気エネルギー	100%
日射エネルギー	75〜90%
石油などの化学エネルギー	約 75%
0 〜100℃の水の熱エネルギー	0〜10%

(注) 物理学では、100℃の水と表現する。

熱エネルギーが１００Ｊだとしても、熱エクセルギーは０〜10Ｊと低い。こうしたエクセルギー率が低いエネルギーを「質の低いエネルギー」と呼ぶ(表２)。

エクセルギー率とは、エネルギーに含まれるエクセルギーの割合だ。それは、そのエネルギーがもっている本当の能力と考えるとよい。たとえば、同量のエネルギー量をもつ水と電気があるとする。同量のエネルギー量であっても、エクセルギー率は異なる。電気のエクセルギー率は１００%で、水のエクセルギー率は０〜10%だ。したがって、水は電気と同じエネルギーをもっているにもかかわらず、電気の０〜10%の能力しかもっていないことになる。では、エクセルギー率が低い(質の低い)エネルギーは、能力が低いから価値の低い存在なのだろうか。答えは否である。

東京都市大学の宿谷昌則教授は、エクセルギー率が低いエネルギーについてエクセルギーを用いて解析をすすめ、人間の身体、住まいの環境、さらに地球環境にいたるまで、質の低いエネルギーが大活躍していることを立証してきた。その内容は、彼の門下生の活動と、１９９９年から重ねてきた国際エネルギー機関(ＩＥＡ)／建物および地域システムにおけるエネルギー管理(ＥＣＢＣＳ＝the Internal Energy Agency- Energy Conservation in Buildings and Community Systems)によって、高く評価されている。一方で、エクセルギー率が高い石油などの化学エネルギー(エクセルギー率約90%)を効率よく用いようとする研究は、活発に行われてきた。大型の発電所や工場、各種のプラントなどでは、効率向上のためにエクセルギーの概念が用いられている。

しかし、実際の生活領域では、エクセルギー率の低いエネルギーのほうが明らかに多い。したがって、この本で論じる建築、すなわち生活領域においては、水の熱エネルギーのような質の低いエネルギーと、太陽光など質の高いエネルギーを対等に扱うことが重要である。エクセルギー率の高さだけに価値があると決めつけてはいけない。

エクセルギーハウスは、これまでになかったエクセルギー率が低い資源の活用に取り組んできたがゆえに誕生したのである。

2　実感に近いものさしエクセルギー

◆私たちの感覚に近い値を示すエクセルギー消費

エネルギーの総量は変わらず、エクセルギーを消費しているということを感覚的につかめる例を紹介しよう。

気温0℃の寒い日に、80℃のお湯が入ったデミタスカップ（100cc）と、8℃の水が入った大ジョッキ（1000cc）の2つがあったとする（図25）。温かいお湯は、たとえ小さなカップ一杯でも、寒いときは本当にありがたい。

ところが、デミタスカップのお湯も大ジョッキの水も、しばらく置いておけば、どちらも気温と同じ0℃になってしまう。そのときの喪失感は、感覚的にお湯のほうが大きいだろう。だが、冷めるまでに空気

図25　私たちの感覚に近い値を示すエクセルギー消費

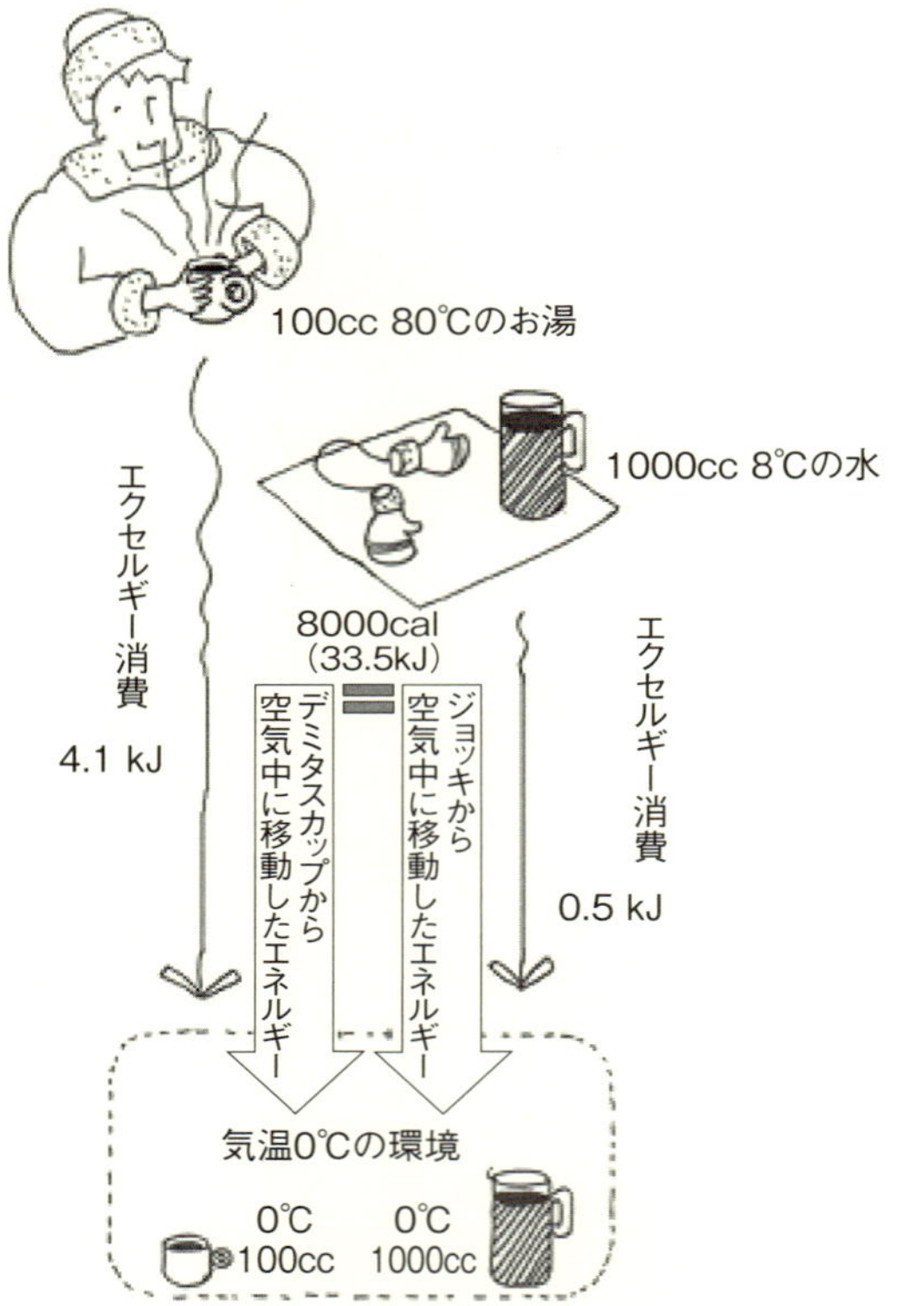

（注）kJ ＝キロジュール。エネルギー・仕事・熱量・電力量を表す単位で、1kJ は 1000J。1 カロリーは約 4.2J。

中に奪われるエネルギーはどちらも同じである（100×80＝8000カロリー。1000×8＝8000カロリー。ジュールに換算すると33・5kJ）。これを一般にはエネルギー消費というが、実際には、カップやジョッキから空気中へ移動した「エネルギー移動量」と表現するほうが適切だ。

一方、消費したエクセルギーを計算して比較すると、デミタスカップのお湯は4・1kJ、大ジョッキの水は0・5kJで、カップのほうが約8倍も多く消費している（水の比熱・密度・温度と容器の内容積が関係する）。この数値の差は、私たちの消費感に近いのではないだろうか。つまり、カップのお湯が冷めたときにありがたいものを失ってしまったという感覚がエクセルギー消費として表されているのである。カップのお湯とジョッキの水からの〝消費された感〟は、エネルギーによってではなく、エクセルギーによってのみ表現できる。

◆「消費」の実態は「拡散」

温かいデミタスカップから「消費された何か」はエクセルギーであったわけだが、そうした「消費」とはどういう現象なのか、より詳しく見てみよう。外気0℃の寒い日に、80℃のお湯で満たされたカップのお湯が冷めたときに私たちが味わう消費感。いったい、何が失われることによって、そう感じたのだろうか。

図26　エクセルギー・散らかっていくこと・消費の関係

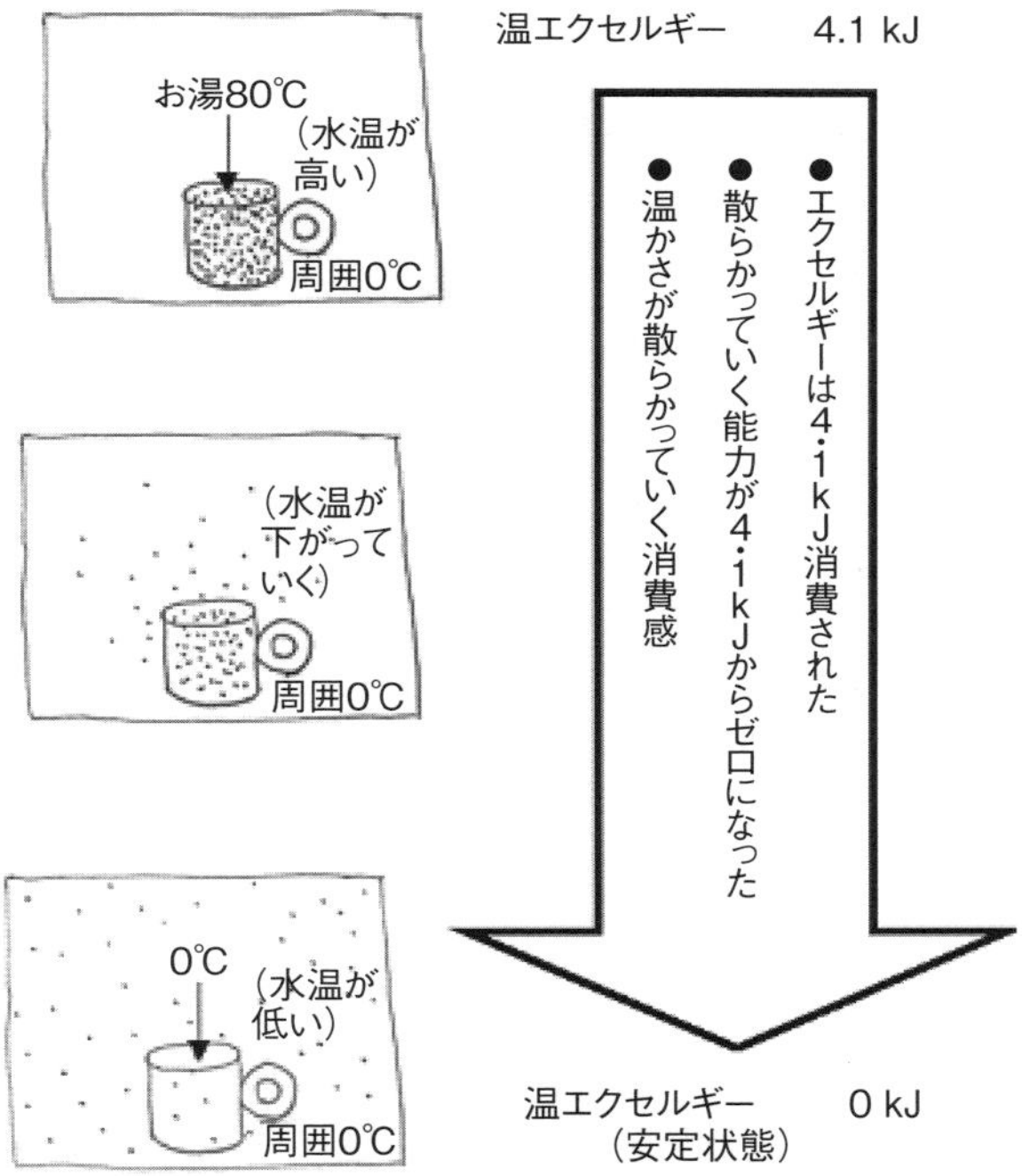

それを物理学的な現象として説明してみよう。図26を見てほしい。デミタスカップの周囲では、カップから温かさが拡散している。拡散という現象は、「拡散できる能力が失われていく」とも表現できる。それは、エクセルギーが失われていることを意味する。エクセルギーが消費されているのだ。これを数値で説明すると「エクセルギーが4・1kJ消費された」となる。「拡散していく能力」が、数値で表記できることに驚かれたはずだ。

ここで感じた消費感、温かさが散らかって消失した感覚は、温エクセルギー、つまり散らかっていく能力が失われたために感じたものである。

エクセルギーは物理学者の槌田敦氏と宿谷昌則氏によって、「拡散という現象を引き起こす能力、拡がり散りを引き起こす能力」と説明されている（槌田敦『熱学外論』（朝倉書店、1992年）、宿谷昌則『エクセルギーと環境の理論（改訂版）』（井上書院、2010年））。私は「拡散」を「散らかす」「散らかっていく」「散らかり」など、訓読みで表現することが多い。音読み熟語の「拡散」は、「変化している状況」を示しているが、英語のような「ｉｎｇ的ニュアンス」があまりないように感じられる。それに比べて「散らかす」は、状態の変化を内在している気がするからだ。

◆散らかりを引き起こす能力エクセルギー

散らかりについて、もう少し詳しく説明しよう。「すべてのものは拡散していく」は、熱力学第二法則を解釈した表現である。エクセルギーを理解するには、この法則を少しずつ勉強していくことが大切だ。

そこでまず、「水にインクを一滴たらした状況」を想定しよう。一滴のインクは濃度が高く、散らかりを引き起こす能力が高いので、エクセルギーは大きい。しばらくするとインクは拡散していき、容器の真ん中付近で中ぐらいの広がりになる。この拡散過程で、エクセルギーが消費されている。したがって、中ぐらいの広がりのインク部分のエクセルギーは、一滴のインクより小さいエクセルギーしかもっていない。そして、どんどん散らかる、つまりエクセルギーが消費される。最終的には、容器の中が均質な淡い色になる。その状態のエクセルギーは、容器の中にあるかぎりそれ以上拡散できないので、ゼロである（図27）。

「拡散（散らかり）」というプロセスには、エクセルギーだけでなく、「エントロピー」という概念が関わっている。拡散を引き起こす能力がエクセルギーであり、拡散の大きさを示す概念がエントロピーである。どちらかといえば、拡散前に重点をおく視点がエクセルギーであり、拡散後に重点をおく視点がエントロピーである（ただし、この本はエクセルギーをテーマとしているので、読者が混乱しないように、以後はエントロピーという言葉を使用せずに説明していきたい）。

図27　散らかっていくプロセスとエクセルギー・エントロピー

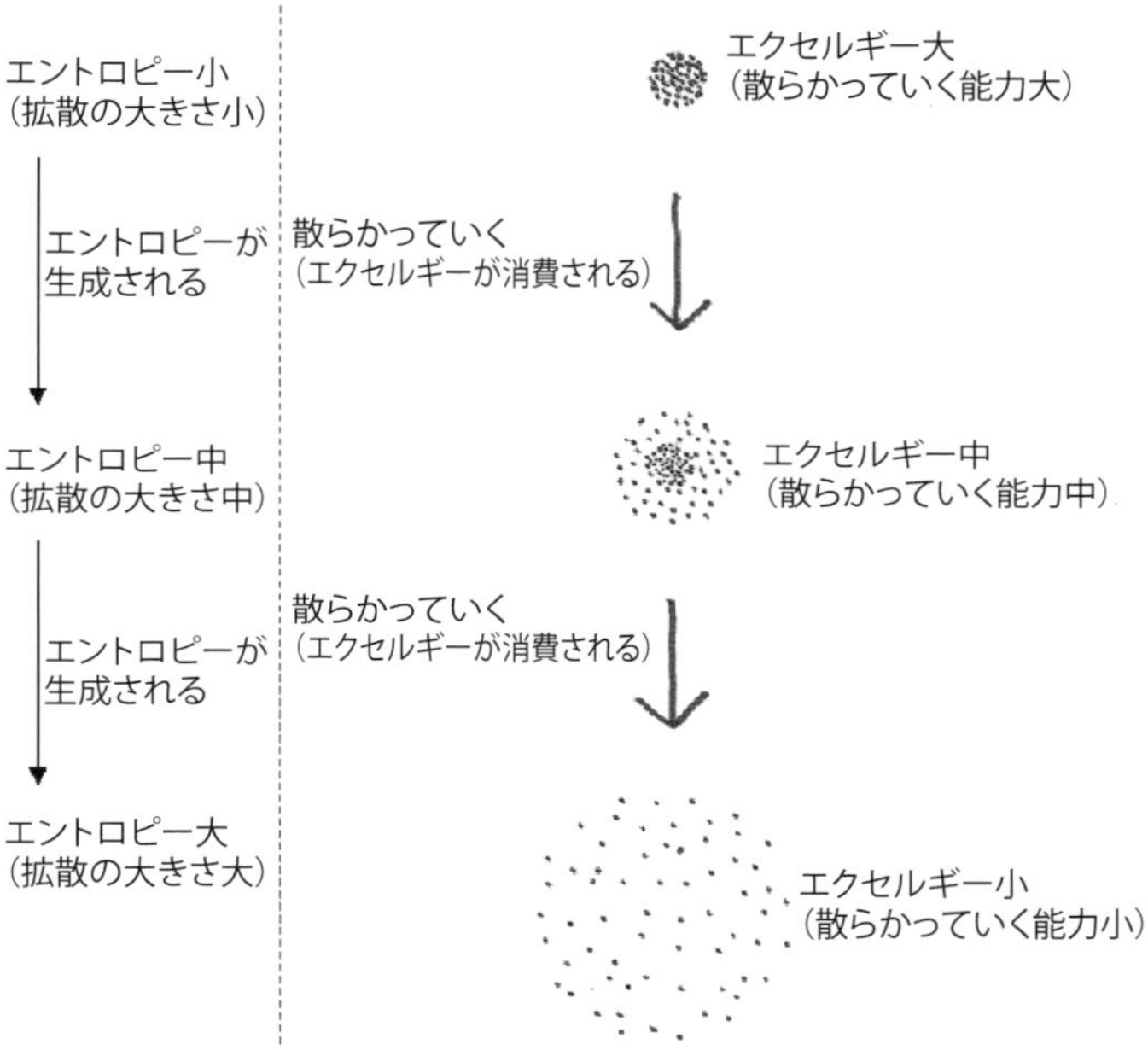

3 「資源性」という新しい価値の展開

◆消費感をいだかせるものには、それに応じた資源性がある

エクセルギーは、さまざまなエネルギーの質の差を説明すると同時に「資源性」も表す。電力のようにエクセルギー率の高いエネルギーを「資源性の高いエネルギー」と言い、お湯のようにエクセルギー率の低いエネルギーを「資源性の低いエネルギー」と言う。エネルギーの質の差は、資源性を使って表現できる。

図28 消費感をいだかせるものには資源性がある

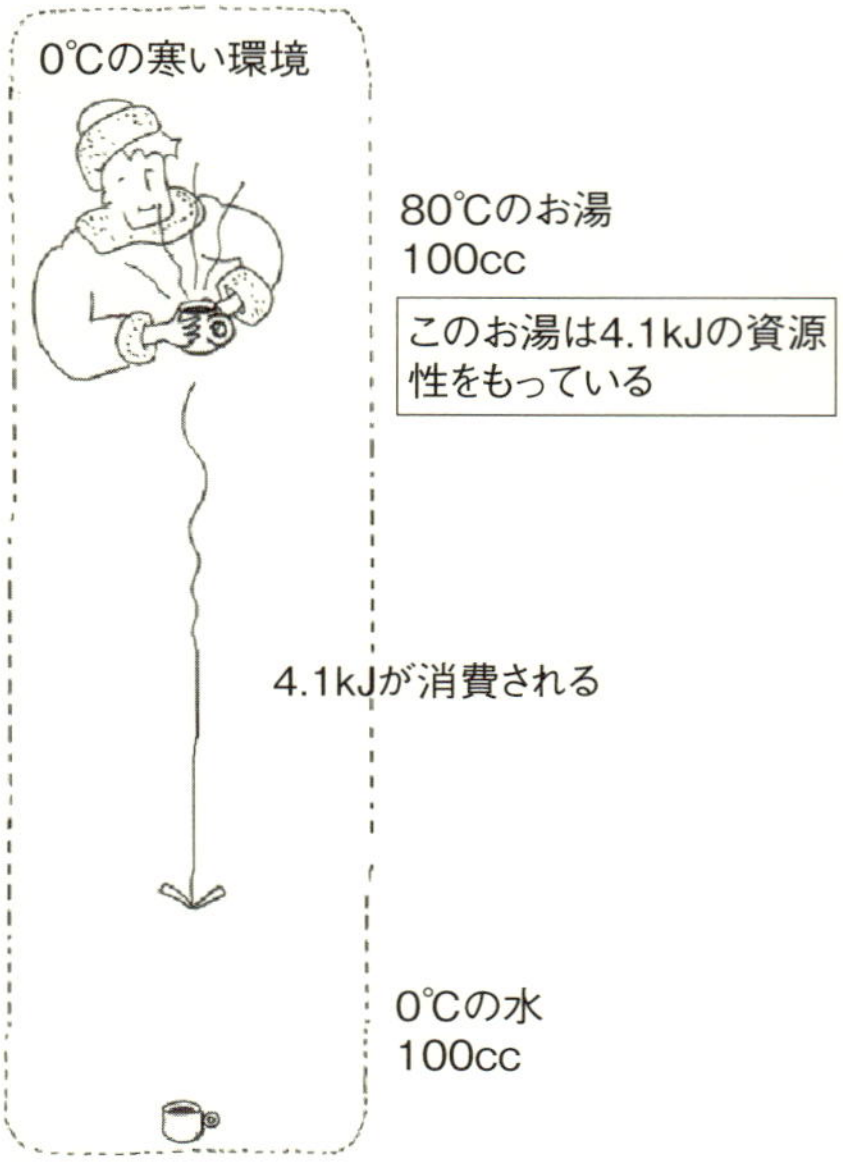

58ページで、80℃のお湯が周囲の温度と同じ0℃になったときに感じる消費感は4・1kJに相当すると述べた。図28に示したように、それはこのお湯のもつ資源性が4・1kJであることを示している。このように、消費感をいだかせるものには資源性がある。

ここまでの議論を改めて整理してみよう。

①エクセルギーは「拡散という現象を引き起こす能力」と定義される。

②その拡散現象は、エクセルギーの消費を意

味する。

③したがって、エクセルギーは「消費を引き起こす能力」とも表現できる。

④すなわち、エクセルギーは資源性を表し、資源性は「消費できる能力」とも表現できる。

ここには、「消費できる能力を資源性（エクセルギー）として考える」という視点が登場している。この価値観がいかに新鮮であり、それに基づく技術がいかに有効であるかを、以下に詳しく説明しよう。

◆エクセルギーハウスで実証された資源性と地域性の視点

エクセルギーハウスでは、床下に床下放熱タンクがあり、2～3tの雨水が溜められている（28ページ参照）。冬はこの水が25～35℃に保たれ、部屋を暖める。夏は25℃程度に保たれ、蒸発冷却の補完役（サブシステム）として部屋を涼しくするのに役立つ。

注意して、この文章を読み返してほしい。すると、25℃という同じ温度の水が、冬は部屋を暖め、夏は部屋を涼しくするのに役立っているという事実に気がつく。

では、この25℃の水がどんな資源性をもっているのだろうか。冬の外気を0℃、夏の外気を30℃として計算すると、冬は36・8MJの温エクセルギー（温かさをもたらすエクセルギー）という資源性をもち、夏は2・9MJの冷エクセルギー（冷たさをもたらすエクセルギー）という資源性をもっていることがわかる。これらによって、エクセルギーハウスでは季節を通じて快適な環境が得られる。

この事実は、発想の転換がもたらしたといっても過言ではない。エネルギーの視点で設計していれば、

図29　25℃の水が暖房にも冷房にも役立つ

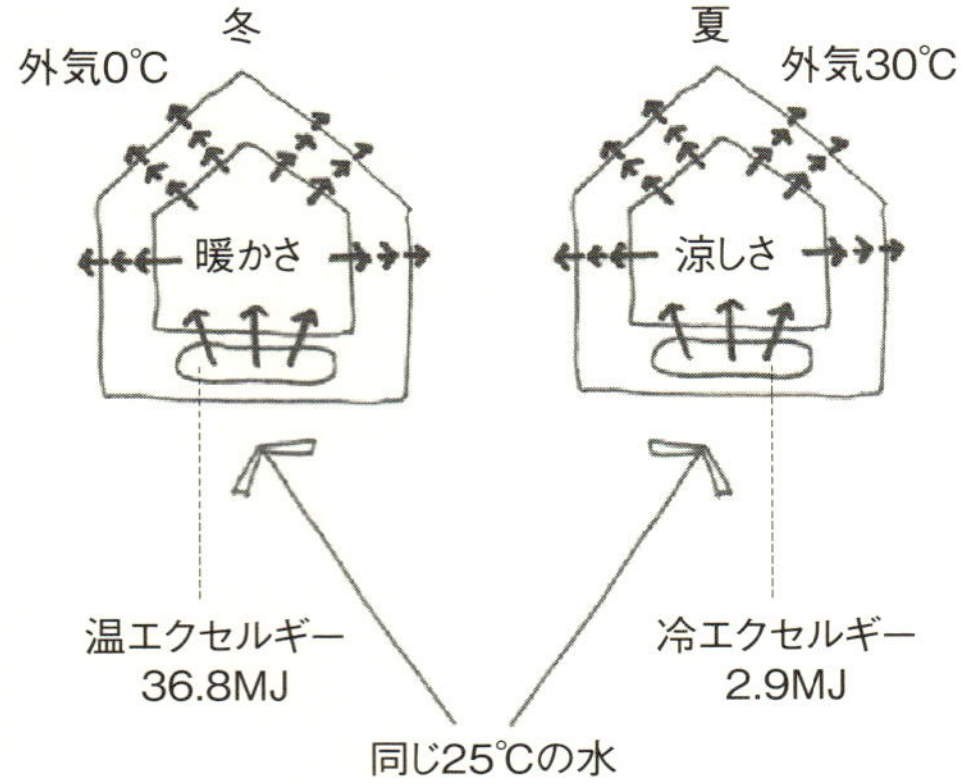

遠くから大量のエネルギーを運んでこなければ快適性は得られないと思い続けていただろう。資源性（エクセルギー）の視点に切り替えて設計したおかげで、この結果が得られた。どこでも容易に得られる25℃の水に資源性があることに着目した結果である。

このことを説明する図29を見てほしい。冬は床下から室内に、そして外壁の室内側から外気へ、温エクセルギー（温かさ）が徐々に消費されながら流れていく。夏は床下から室内に、そして外壁の室内側から外側へ、冷エクセルギー（涼しさ）が徐々に消費されながら流れていく。その消費過程、すなわち散らかっていく状況こそが、私たちに暖かさや涼しさという快適感をもたらしているのだ。

25℃の水が夏と冬では異なる資源性をもつと同様に、地域が違えば同じ温度の水が異なる資源性をもつことが想像できるだろう。資源性への着目は、それぞれの地域の環境を考える必要性をも意味する。エクセルギーについての記述では、散らかる現象とともに、散らかる場、散らかっていく先の環境が必ず記されている。この点を加えてエクセルギーを改めて定義しよう。

「周辺環境との状況（温度、圧力、濃度）の差に起因して、拡散（散らかり）を引き起こす能力」

エクセルギーは、本質的に周辺環境と切り離せない。だからこそ、地域ごとに考えていく建築にとって、「環境が変われば変わる価値」を示す、ありがたい存在と言えるだろう。

◆身近なところで消費できるエクセルギーを基本資源と考える

消費できるエクセルギーは、身近なところでたくさん見つけられる。それは散らかっていく(拡散)現象を示しているから、そうした拡散現象を探せばよい。しかも、散らかっていく能力は数値で表現できる。図30に示すように、動力や光に関わる現象から、燃焼や化学反応、濃い・薄い、湿気・乾燥、温かさ・冷たさに関わる領域まで、私たちの身近なところで散らかり現象を発見できる。そこには、エクセルギーハウスの暖房・冷房で示した温エクセルギー・冷エクセルギーをはじめとして、化学エクセルギー、分離エクセルギー、湿エクセルギー、乾エクセルギーなど、さまざまな「資源性＝エクセルギー」がある。

身近な資源性をこれまで多くの人たちが見過ごしてきたが、環境によっては大きな能力をもつ。しかも、探そうと思えば、私たちの周囲でさまざまな資源性が見つけられる。建築のように人のいとなみを支える器では、こうした身近なところにあるエクセルギー＝資源性を基本として扱っていけばよい。

第１章を思い出してほしい。エクセルギーハウスでは、夏に水の蒸発の資源性(分離エクセルギー)を活かして涼しさを実現した。食菜浄化水路でも、キッチンの排水に含まれる栄養分のもつ資源性(化学エクセルギー)を活かして浄化を実現した。快適に暮らすための技術を、資源性(エクセルギー)を活用する視点で組み替えている。だから、エクセルギーハウスというのだ。

では、資源性を活かすことと地球環境の改善はどう関わるのだろうか。

図 30　身近に見られるさまざまな資源性

	温かさ・冷たさに関わる現象	湿気・乾燥に関わる現象	濃い・薄いに関わる現象	燃焼や化学反応に関わる現象	光に関わる現象	動力に関わる現象
散らかっていく現象を示す（消費できる能力をもつ）存在	空気の温かさ 空気の冷たさ 温かさを放射する面 冷たさを放射する面 液体の温かさ 液体の冷たさ	空気の乾き 空気の湿り気	匂い 蒸発する液体 溶液の濃さ 溶液の薄さ	燃料の熱 物質の化合しやすさ	光	動力
資源性の種類	冷エクセルギー 温エクセルギー	乾エクセルギー 湿エクセルギー	分離エクセルギー	化学エクセルギー	光のエクセルギー	力学的エクセルギー
散らかっていく	↓	↓	↓	↓	↓	↓
散らかっていく環境	冷たい空気 温かい空気 冷たい面 温かい面 冷たい液体 温かい液体	湿った空気 乾いた空気	空気中 空気中 薄い液体 濃い液体	空気中 空気中	地表面	地表面

第3章　地球の住まい手になる

1　建築と地球環境

◆建築は地球に負担をかけている

私たちが地球環境について考えるとき、多くの人びとは自然が豊かに残るところを保全しようとする。それも大切だが、人間が手を加えて造った、自然を壊す人工物の改善に目を向けることも重要である（図31）。一人ひとりが身近な人工物との関わり方を改善するかどうかが、環境への負荷を左右する。

図 31　さまざまな地球環境の改善方法

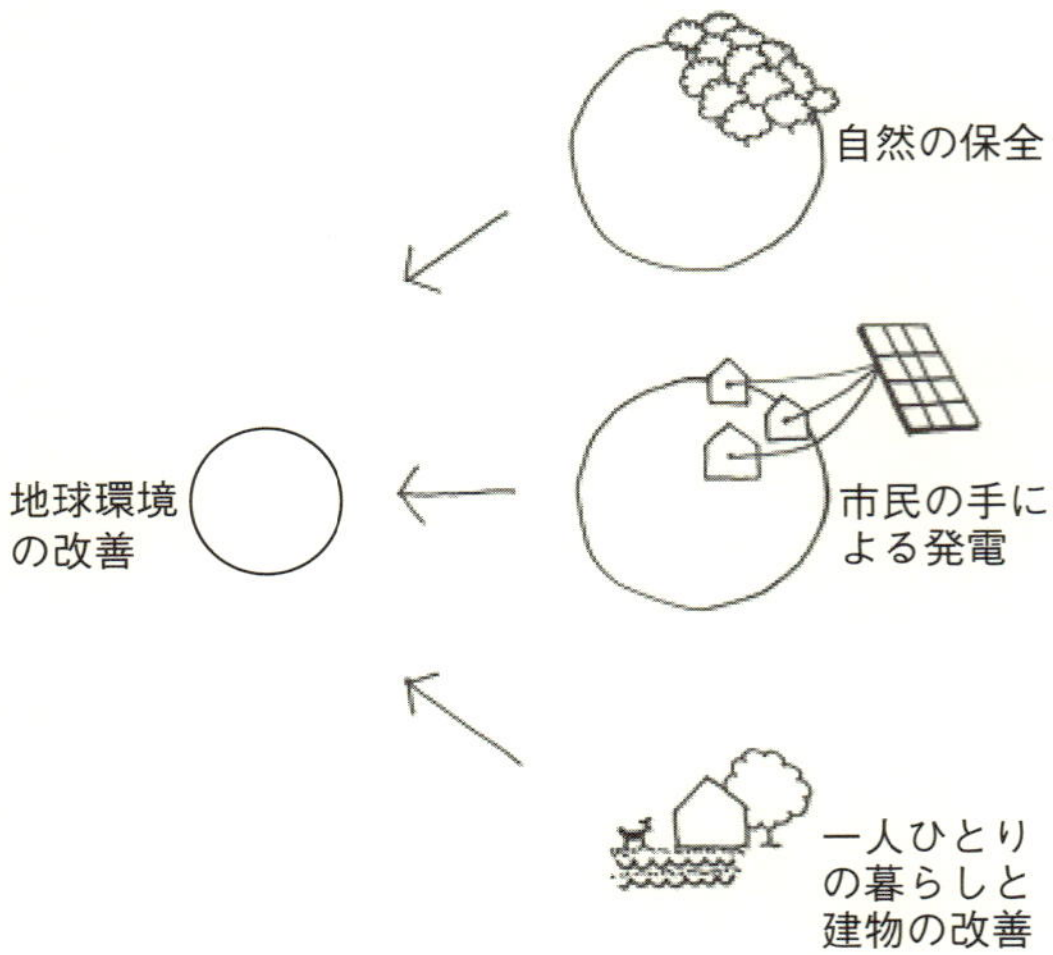

では、地球上でもっとも広い空間を占めている人工構造物は何か。それは、建築（建物）だ。建築とは、ただの物体（箱）ではない。そこで繰り広げられているいとなみと切り離せない箱である。いとなみがない箱は、単なる鑑賞用の彫刻か遺跡にすぎない。

人間は平均すると、人生の7割以上を建物の中で過ごすと言われている。日本人の乳児から平均寿命をまっとうするまでの建物内在住時間を少な目に見積もっても同様だ。運輸、屋外で行われる産業・工業プロセスを除く地球上で使われるエネルギーの大半が、建築に関わることになる。いま問題となっている地球環境への負担の原因の多くは、建築に関連しているのだ。

人生でもっとも大切にすべきは、物でもお金でもなく、いとなみの豊かさである。建物の工夫がそれを実現する。地球環境の改善も、私たちの豊かな人生も、住まい方しだいである。

◆建築の何を変えればよいのか

地球環境の改善のために、建築では何を変えればよいのか。それは次の3点にまとめられるだろう。

①建物（建築）が使用されているときのエネルギー使用量の削減。

②建物（建築）内での暮らし方の改善。

③建物（建築）に関わるさまざまな過程の改善（素材や資材の生産、施工、解体、処理、処分・リフォーム、再利用など）。

住宅のライフサイクルの各段階におけるＣＯ２排出量の割合は、建物を使用している際が87％で、残りの13％が③に関わる過程に相当する（住宅生産団体連合会「住宅業界と低炭素社会に向けた中長期ロードマップについて」２０１０年）。したがって、建築物に関わるエネルギー使用量を削減するためには、①と②の改善が重要になる。

エクセルギーハウスでは①～③を次のように改善している。

①一般的な住宅の3分の1に削減した（第1章参照）。

②気温に応じて窓をこまめに開け閉めするという主体的な行為によって削減し、快適性を高めてきた。加えて、周辺に緑地を創出するなどして微気候を整える、照明をLEDに変える、エアコンではなく扇風機を使うなど、余分な電力を使わないライフスタイルが大切だ。住む人の意識が変わらなければ、建築だけでは解決しない部分も多い。

③漆喰や無垢の木など、家づくりの過程でできるだけエネルギーを使わない、あるいは使用量が明らかな資材を採用している（121・122ページ参照）。とはいえ、すべての分野で実現できているわけではない。新建材、屋根の素材、タイルや壁紙の仕上げ材、断熱材や防水フィルムなどの下地材などを生産する素材供給産業から、家具調度品や家電製品などの備品供給産業まで、家づくりは多岐の分野にわたる。それらすべての生産方法を改善しなければならないから、容易ではない。

図32　手刻みとプレカットに使われるエネルギーの比較

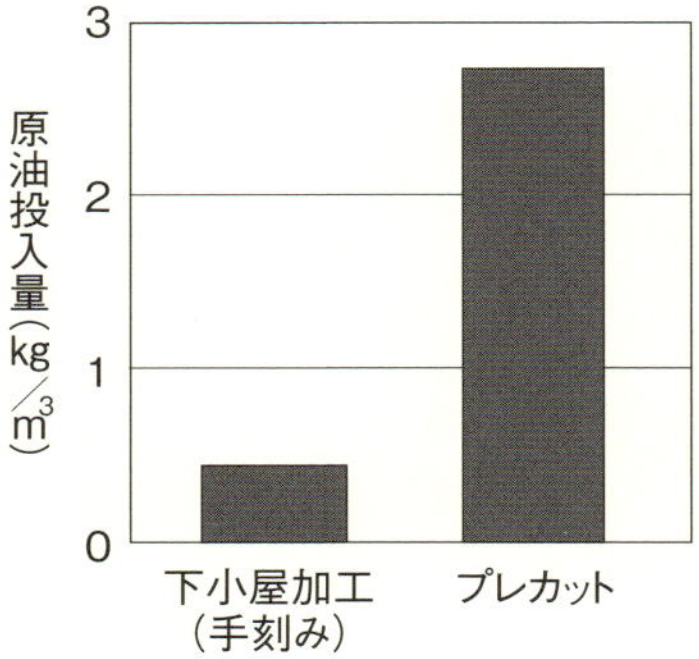

（出典）東京産木材による木造住宅のLCA調査実行委員会「地産地消型木造住宅のLCA調査報告書」2007年。

施工方法に関しては、なるべく大量のエネルギーを使用する機械を控え、人間の手加工を主体とする「手刻み」や「セルフビルド（建物の一部を施主が施工）」を取り入れている。大工さんが作業場で加工する手刻みの場合も電動工具は使うが、大工場での一括生産よりエネルギー使用量（原油投入量）は明らかに少ない。木材を家の骨組みとして使えるように大工場で一括して機械加工するプレカット工程の原油投入量は1㎥あたり約2・7キロで、手刻みの約0・4キロと比べて7倍近い。

このように、地球環境を改善するために建築が取り組まなければならない領域と内容は実に幅広い。それらすべてに対して解決への道を検討していかなければならない。

2　エクセルギーハウスが考える持続可能性

◆新しい科学の視点で環境を考える

地球環境の改善について、さまざまな活動がなされている。効果をあげているケースも多いが、ゆきづまるところには共通の問題点がある。それは、地球にとって人間とはどんな存在なのかという基本的な視点について整理ができていないことだ。

有機物を燃やせば二酸化炭素、原子の崩壊過程では放射線が発生する。大地震、津波、地滑り、台風、竜巻などの発生は、止められない。人体に害をもたらす動植物や微生物も必ず存在する。これらすべては自然の現象だ。こうした現象への向き合い方に大きな問題がある。

それは、自然現象を人間に敵対するものとしてとらえ、それらを一方的に征服・制御できると考え、自然に対する畏敬の念を忘れ、身の程を勘違いし、傲慢になる姿勢だ。言い換えれば、自然現象はエネルギーを使って制御できるという発想である。たとえば、地球上で得られるエネルギーは際限なく使ってもよい、仮に地球になければ宇宙に進出して探せばよいと考える。近年の日本ではよく見かける発想だが、これでは地球環境は改善されない。

しかし、日本人はこうした傲慢な姿勢を昔からとっていたわけではない。むしろ、八百万《やおよろず》の神というように、山や石や田も生きものも人間も、分け隔てなく神が宿る存在であると考えてきた。人間は自然の一部であり、自然は征服できないという考え方である。

歴史をさかのぼってみよう。江戸時代後期まで、「文化」や「科学」という言葉は日本にほとんど紹介されていなかった。現在の日本人にとって、文化は「自然との調和をはかる概念である」という考え方に違和感はないだろう。ところが、日本に紹介された時点での西洋の文化(culture)の概念は、「耕す」(cultivate)から発展した「自然を征服する知恵」と「自然の事物を育てる精神の修養」であった。

これらは、私たちの認識とはかなりかけ離れている。だが、ヨーロッパでは、自然を征服する知恵の極みとして科学が構築されてきた。科学が物質的豊かさを世界中に広めるのに役立ったことは言うまでもない。日本人も科学を積極的に導入した。私自身も科学を扱う領域に暮らし、それを家づくりに活用している。ところが、科学の領域に暮らす人びとは、「客観的」という姿勢を捨て去ることができない。

たとえば、「主体」と「客体」という言葉がある。客体の中に主体が含まれると客観的でなくなり、科学的でなくなると考えられてきた。自然という客体の中に人間という主体は含まれないのが、科学の原則だった。人間も生物なのに、生物の中から人間を除外してきたのである。急速に西洋を追いかけてきた日本では、こうした科学の概念が肥大化して、自然を人間から分離・敵対化し、一方的に制御しようとしている。それは傲慢な錯覚である。

これに対して西洋では、さまざまな生物の関係性をとらえる生態学、複数の視点で自然現象をとらえる物理学が発達し、人間と自然を並べて扱うことが多くなった。両者が重なる部分を扱う生物物理学や生命科学の研究も進み、生命と物体、自然と人間、つまり主体と客体の重なり合う部分を科学として扱う習慣が定着している。日本にもこうした学問は存在するが、社会との乖離は甚だしい。

現在の西洋では、市民レベルにおいても、自然と人間の距離は日本より近いだろう。実際、ドイツや北欧などの高校生は、教養として「地球環境に対して人間がどう向き合うべきか」を語る能力を身につけている。日本の高校生に聞くと、残念ながらほとんど答えられない。

現在でも、日本を含めて少なくともインド以東の多くの国ぐにでは、自然と人間の一体感を個人の感性としては、少なからずもち続けている。しかし、こうした国ぐには世界的に見ると、主体と客体を明快に区分してこなかった歴史が長い分、科学発展途上国という立場にある。だから、日本と同様に、いったんは科学をいわば「傲慢な手段」として用いる時期を経ないと、次のステップにたどり着けないだろう。地球環境問題を考えると、このターニングポイントをできるだけ早くむかえて、次の局面に移行したい。

そこで、現場で科学を用いて建築に携わる立場から、こう発信したい。

「傲慢の背景となるタイプの科学は、現場では古い。日本人にいまも息づいている、自然と人間の一体感を受けとめる感性を活かした科学こそ、日本人の得意とする領域である。これをさまざまな現場に活用しよう」

それは、エクセルギーハウスの根底にある概念にほかならない。

◆自然と人間の一体感を求めて

異常気象の多発など地球環境がおかしいと多くの人が感じはじめている。私たちの身体も環境に左右され、アレルギー症状や化学物質過敏症などが増えてきた。

これはどういうことなのだろうか。私たち以外の生きものがこうした環境を生み出したとは考えられない。私たちのいとなみが、適切でなかったのではないか。地球に棲息する生きものとしては落第生であったのではないか。

家をつくる、家で暮らすという場面では、その基本として持続可能性（サステナビリティ）を前提にしなければならない。では、持続可能性をどう考えるべきだろうか。

20世紀の後半から、持続可能な開発について国際的な枠組みで検討されてきたことはよく知られている。国連に設置されたブルントラント委員会は、１９８７年に発表した『地球の未来を守るために（Our Common Future）』で、「将来世代のニーズを損なうことなく、現在の世代のニーズを満たす」という「持続可能な開発」の概念を打ち出した。「経済開発は、将来世代の可能性を脅かしてはならない」とも訴えている。

だが、持続可能な開発を支える基礎科学として提唱された「４つのシステム条件」については、あまり知られていない。それは、スウェーデンの医学者であるカール・ヘンリック・ロベールが科学的視点から持続可能性の原則を探ろうと１９８９年に提唱した概念で、彼が創設した国際組織「ナチュラル・ステップ」によって広められてきた。ロベールは、自然環境と人間社会が全体として「持続可能なシステム」をつくるための条件として、表３に示した４つをあ

表３　持続可能なシステムのための４条件

①自然の中で地殻から掘り出した物質の濃度が増え続けない
②自然の中で人間社会のつくりだした物質の濃度が増え続けない
③自然が物理的な手段で劣化され続けない
④人びとが自らの基本的ニーズを満たそうとする行動を妨げる状況をつくりだしてはならない

げた。

重要なのは、当時すでに「濃度が増え続けない」というエクセルギーの概念を含む熱力学に関わる物理学領域の視点と、「自然」と「人びと」を含む生態学領域の視点が併記され、自然と人間の距離を縮めようとしていたことである。

◆身の丈を大切にする「いとなみアプローチ」

私はナチュラル・ステップが示した４つの条件に相当する姿勢として、次の３つの方向性を持続可能性の堅持に向けて考えてきた。それを私は「いとなみアプローチ」と名付けている。

①すべてのいとなみの力を活かす。
②大地から掘り出して急速に散らかさない。
③「隣」との関係を大切にする。

①は、表３の③「自然が物理的な手段で劣化され続けない」に近い。生物多様性を守るという意味でもある（本章３参照）。
②は、表３の①と②の「自然の中で地殻から掘り出した物質の濃度が増え続けない」「自然の中で人間社会のつくりだした物質の濃度が増え続けない」に相当する（本章４参照）。なお、地殻から掘り出した物質は地下資源と考えてよい。
③は、「地域間の不公平な資源配分を避ける」ことを中心にしている（基本的ニーズの問題は建築領域では

検討しにくい社会科学的内容なので、言及しない）。その実現のためには地域内での資源充足が重要である（キーワードである「隣」という概念を含めて本章5参照）。

繰り返しになるが、身の程を勘違いする傲慢な姿勢、エネルギーを使って制御すれば問題を解決できると信じる姿勢が、地球環境を改善する妨げとなっている。いとなみアプローチは、そうした姿勢を変えていく方法論だ。

3　すべてのいとなみの力を活かす

夏になると暑くなり、冬になると寒くなる。こうした気候の変化は太陽の位置や潮流などがもたらすという側面だけが重視された時代があった。しかし、今日では、気候の変化には森林の存在、つまり植物のいとなみが作用しているという事実を、多くの人びとが知るようになってきた。植物のいとなみは地球の物理的ないとなみの一部でもあり、自然のいとなみと植物のいとなみの重なりがわかってきたのである。

大気の成分に対する森の作用は当初、樹木など植物の体内で行われる光合成がおもな要因と考えられていた。現在では、樹木の枯れ葉や枯れ枝を食べるバクテリアなどのいとなみと、植物自体のいとなみが重なり合っていることが解明されている。

さらに近年の研究で、さまざまな生きもののいとなみの中に人間のいとなみも含まれることが明確になってきた。かつては、森林を保全するためには人間の手が入らないようにしなければならないと思われてきたが、多くの場合その反対である。とくに、温暖で多くの生きものが生存しやすい日本では、縄文時代から奥山の森林も人間が手入れして維持してきた。また、身近にある里山や雑木林の保全には下草刈りが欠かせない。人間の手が適度に加わって、豊かな生態系が育まれてきた。

適切な人間のいとなみは、他の多くの生きものたちのいとなみと対等であり、どちらも自然のいとなみの一部である。自然のいとなみ、生きもののいとなみ、人間のいとなみ。これらは、自然界でも言葉のうえでも重なる部分がある(図33)。この重なりがとても魅力的であり、貴重であり、大切にしたい。いとなみは、自然、生きもの、人間が互いに影響されながらくり広げられる活動である。

図33　いとなみの重なり

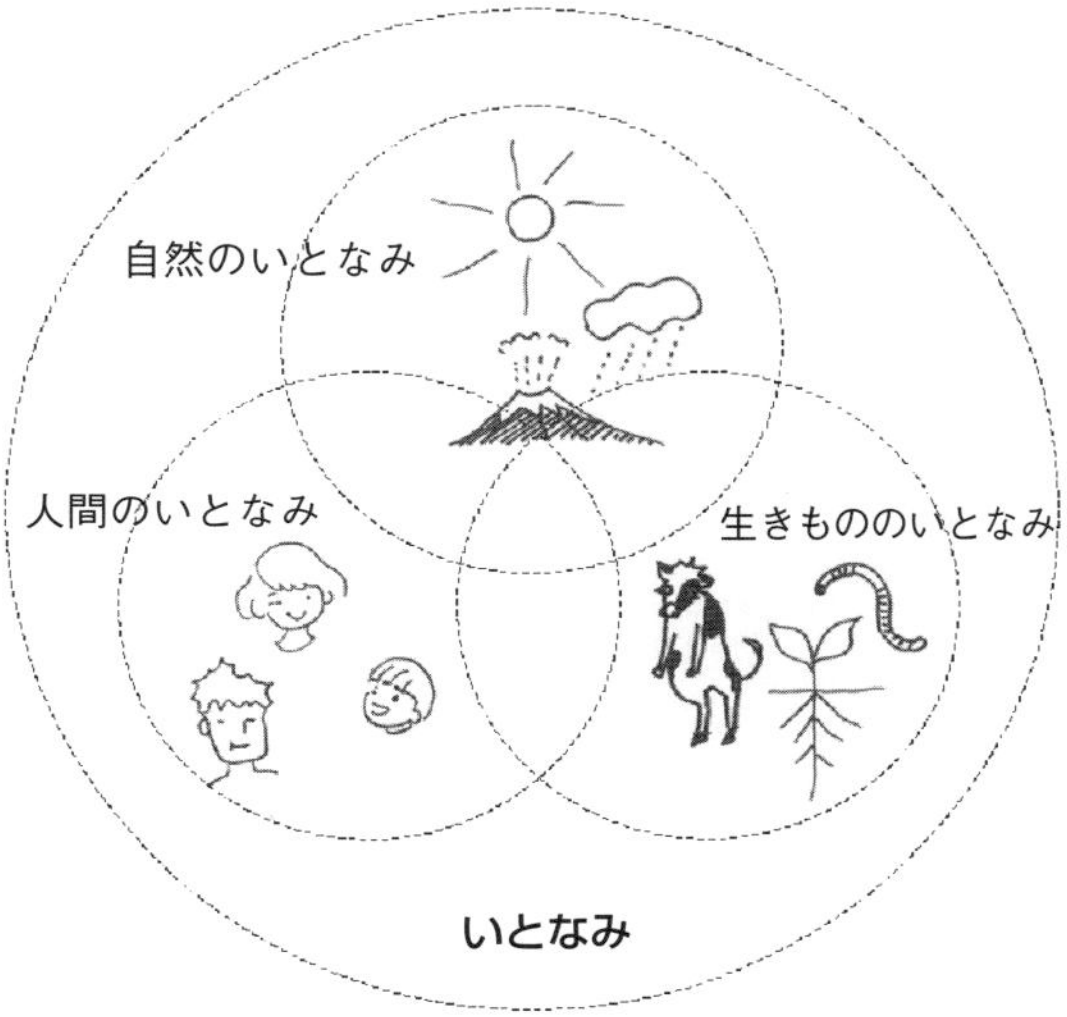

いとなみの重なりの魅力を発見した私がエクセルギーハウスで活用するのは、一般的に言うエネルギーではない。自然のいとなみ、生きもののいとなみ、人間のいとなみの力である。

たとえば、太陽熱温水暖房や雨水冷房では、降り注ぐ太陽の熱や雨水の蒸発という「自然のいとなみの力」を活かしている。食菜浄化システムでは、植物や魚類や貝類が排水に含まれる栄養素を吸収する「生きもののいとなみの力」を利用した。さらに、身体からの発熱や窓の開け閉めという「人間のいとなみの力」を使って、冷暖房をより有効にしている。

エクセルギーハウスは身近な資源性(エクセルギー)

を活かす。この「身近なエクセルギー」は、ほぼ「身近ないとなみの力」と同義と言ってよい。すべてのいとなみの力を活かせば、快適なエクセルギーハウスが実現できる。そして、それが生物多様性の保全に貢献し、地球の持続可能性を高めていく。

実際、エクセルギーハウスの開発では、有機農業や生態学に関わる方々にかなりお知恵をいただいた。いとなみの力が示した実績は、それらの領域との連携・協力にこれから大きな役割を果たすだろう。

4 急速に散らかさない

地球は丸くて大きいと信じてきた。しかし、よく考えると、8848メートルのエベレストの頂上では、空気が薄くて暮らせない。おおむね地上10キロまでが、人間が生存できる生態圏だ。私たちは丸くて大きな地球にではなく、表面の厚さわずか10キロの空気の層に生存している。その層の厚さは、地球を卵にたとえると殻よりも薄い。私たちが生活できる範囲は、思いもしなかったほど小さな領域である。

その小さな領域に出入りするのはエネルギーだけだ。仮に、人間がエネルギー以外の物質を外部から持ち込んだとすると、何かに吸収されるか大地に沈降凝縮されないかぎり、この小さな領域に増え続けて、問題を起こしかねない。

それらの物質とは、たとえば、大気汚染に関する環境基準で規制されている二酸化硫黄や一酸化炭素などである(表4)。浮遊粒子状物質には、工場などから排出されるばいじんや粉じん、ディーゼル車の排気ガス中に含まれる黒煙、最近話題のＰＭ２・５(微小粒子状物質)なども含まれる。大気中に溜まっていく

表4　日本の大気汚染に関する環境基準

物　質	環境上の条件
二酸化硫黄	1時間値の1日平均値が0.04ppm以下であり、かつ1時間値が0.1ppm以下であること
一酸化炭素	1時間値の1日平均値が10ppm以下であり、かつ1時間値の8時間平均値が20ppm以下であること
浮遊粒子状物質	1時間値の1日平均値が0.10mg/m^3以下であり、かつ1時間値が0.20mg/m^3以下であること
二酸化窒素（NO_2）	1時間値の1日平均値が0.04ppmから0.06ppmまでのゾーン内またはそれ以下であること
光化学オキシダント	1時間値が0.06ppm以下であること

これらの物質の多くは、地下から掘り出した資源の燃焼や化学合成の過程で発生する。こうした物質が生態圏に増え、それらの濃度が増していけば、私たちの生存が脅かされていく。

エクセルギーの視点でとらえると、それらは単に大地から掘り上げられて存在する物質ではなく、多くのものを散らかしている存在である。そう気がつけば、こうした物質の濃度、つまり「散らかり現象」に、いままで以上に関心をもつようになるだろう。

図34　生態圏の収支を保つための指標

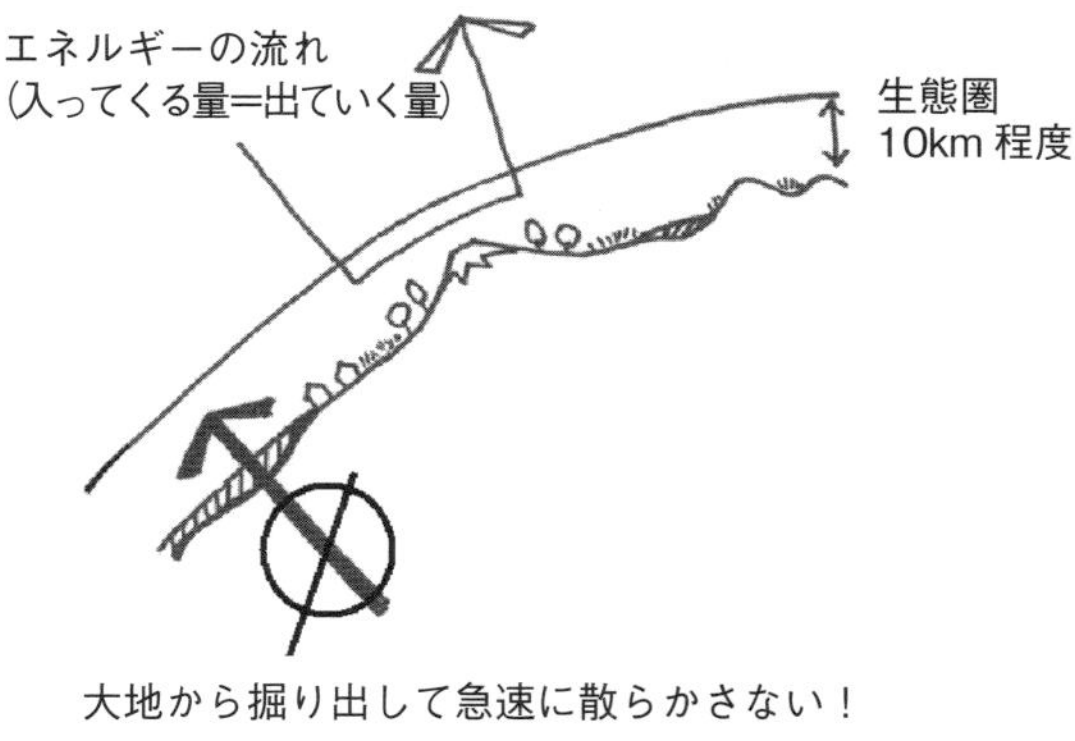

散らかりの速度がどの程度であればよいかの計算は今後に待たれるが、急速に散らかさないという姿勢が大切なのは言うまでもない。エクセルギーハウスでは、大地から掘り出して急速に散らかすことを避けるため、以下のような具体的指標を設けている（図34）。

「自然界において、自然の力によって地中から地上に汲み上げられたり、地上に噴出したり、地上に姿を現したりする以上に、地中から掘り出してはならない」

たとえば、噴火はそうした現象のなかでもっとも大きなものの一つであろう。大地震に伴う隆起現象もその一つだろう。しかし、そうした現象が起こる頻度は人間の寿命と比べるときわめて少ない。

では、頻繁に起きる現象には何があるだろうか。おそらく、樹木の根が地下数メートルから養分や水を汲み上げて、大気中に水蒸気を散らかす現象が、量的にも深さでも最大級だろう。そこで、エクセルギーハウスではこれに倣って、「樹木が大地から汲み上げる深さより下からは資源を掘り出さない」という原則をつくった。地下数メートルまでの資源しか活用しない、という意味である。この指標に基づき、自然エネルギーであっても、地下深くに存在する地熱の利用は避けている。

5 「隣」との関係を大切にする

◆生きものに学ぶ「隣のエクセルギーの活用」

生きものはエクセルギーをどのように活用しているだろうか。当たり前だが、人間以外の生きものは、鉄道も車も船も使わない。彼らは歩行範囲内、飛行範囲内、移動範囲内で、直接結ばれる隣から来るエクセルギーを活用し、それぞれのいとなみを展開している。人間以外の生きものがこうした隣のエクセルギーで生きているのであれば、私たちもその範囲でいとなみを展開できるのではないか。私たちはそうした仮説をたて、次のような実験を小金井市の雨デモ風デモハウスで行った。

①太陽の熱と奥多摩の森林の製材時に生まれるペレットのエクセルギーで、暖房と給湯を行う。
②雨水の蒸発過程のエクセルギーで冷房する。
③庭の水路に生息する生きもののいとなみがもたらすエクセルギーで水を浄化し、土中の生きもののいとなみがもたらすエクセルギーによって生ごみを処理し、その水路に育つ草などを食す。

その結果、仮説は正しかったことが検証された。それを振り返ってみよう。

私たちの身のまわりにある太陽の光は、大地や建物に当たって散らかる。大地に当たった光は地中に入り、熱として散らかる。雨が大地に降り注ぐと、一部がしみ込み、地中に散らかる。その一部は植物の根に吸われ、一部は葉から蒸散し、水蒸気として空気中に散らかっていく。私たちや動物の身体からは、汗と熱が散らかっていく。これらに見られる散らかりを引き起こす能力は、隣のエクセルギーだ。

図35　隣のエクセルギーの拡散過程

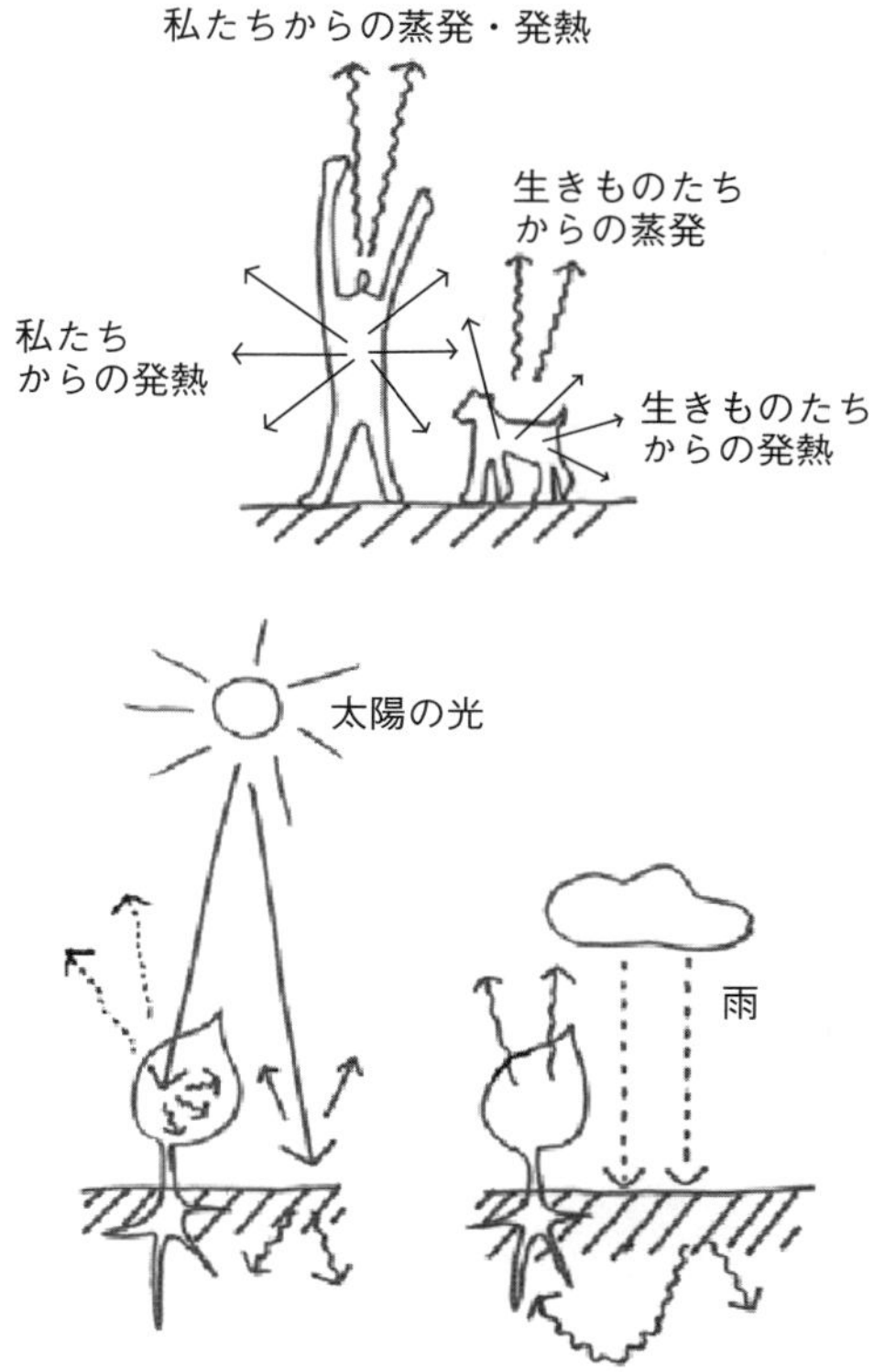

　その拡散過程を図35に示した。実際、拡散を示すこの矢印は第2章で述べたエクセルギーを消費する過程でもあり、私たちが生きて

いるという現象や働いている現象をも含んでいる。

エクセルギーハウスでは、この隣のエクセルギーの活用によって、「遠くのエネルギー」に頼らずに快適に暮らせる。電力会社が設置する送電線などの大きなインフラに頼らずに生活できるのだ。それは、地域内で資源の充実をはかることを意味する。遠くのエネルギーに頼らずに生活できれば、産油国などの資源生産国からの資源輸送が減る。

◆「近くの隣」と「遠くの隣」

ここで、「隣」という概念について考えてみよう。たとえば、「隣の家」と表現したとき、隣とは何を指すだろうか。

一軒の家があり、その隣に家があれば、それは隣の家だ。二つの家の間に空気が存在していても、垣根が存在していても、隣の家に変わりはない。間に何かがあっても、「隣」と日常的に言う。また、かなり遠くても「隣」と表現する。たとえば、過疎地域で隣の家が500メートル離れていても、それは「隣の家」だ。遠くにあっても、直接の関係性をもつなかで最短に位置していれば、その存在を隣と表現すると言えるだろう。私の隣の物体は、隣接する空気だ。隣の駅は、線路で結ばれたライン上の隣である。それぞれ、実際の空間や、一定の枠組みのある位置関係をベースに語られている。

次に、「放射」について考えてみよう。光や熱は、電波と同じ放射という現象の一つだ。たとえば携帯電話は、電波という放射で電話同士を直接結ぶ(中継アンテナを経由する場合もあるが)。その際、電波の上では、２つの携帯電話は隣の位置にある。直接の関係性のなかで最短だからだ。携帯電話による他人との交流が非常に盛んなのは、交流する人の心に対して、隣という親しみを感じさせる何かがあるからかもしれない。放射は、目には見えないけれども物体と物体を直接結ぶ。それは、間に空気があっても、物体から物体に直接届くという特性をもつ。

ところで、エクセルギーハウスで大活躍する太陽の光を、これまで「隣の（身近な）エクセルギー」と表現してきた。しかし、遠くに位置する太陽の光を隣のエクセルギーと言って本当によいのだろうか、という素朴な疑問があるかもしれない。

太陽は、地球から約1億５０００キロ離れた無限に遠い存在だ。しかし、光という放射現象も物体から物体へ直接届く。間に空気があっても関係ない。太陽という物体と人間という物体を、光という放射が直接結ぶ。光という直接のつながりのもとでは、太陽と私たちは隣の関係にある。つまり、「太陽は遠くにあるけれども隣の存在」だ。加えて、隣の太陽から放出される日射の温エクセルギーは、私たちの身体に当たって温かさを実感させる。その意味で、太陽のエクセルギーは「隣の（身近な）エクセルギー」と表現するにふさわしい。

放射現象で結ばれる関係を含んだ隣を整理してみると、「近くの隣」と「遠くの隣」があることがわかる（表5）。近くの隣は、人間を基準にして定義すると、「1日の歩行で往復できる範囲内を指標とする存在」である。エクセルギーハウスでは、雨水の冷エクセルギーや、堆肥が発酵する際の温エクセルギーなどが、近くの隣のエクセルギーだ。人間以外の生きものは、近くの隣の範囲でエクセルギーを活用し、彼らのいとなみを展開している。

表5　私たちにとって大切な「近くの隣」と「遠くの隣」

種　類	存在	隣との関係で得られるエクセルギー(いとなみの力)
近くの隣 身近な存在。1日の歩行で往復できる範囲内を指標とし、近くにあるほどよいとする存在	雨	冷エクセルギー、湿エクセルギー
	植物	湿エクセルギー、化学エクセルギー
	発酵物	温エクセルギー、湿エクセルギー、化学エクセルギー
	動物	温エクセルギー、湿エクセルギー、化学エクセルギー
	人間	温エクセルギー、湿エクセルギー、化学エクセルギー
遠くの隣 遠方にあっても放射の関係で結ばれている存在	太陽	温エクセルギー
	宇宙	冷エクセルギー

一方、遠く離れたところにあり、放射によって結ばれている存在が、遠くの隣だ。太陽の温エクセルギーや宇宙空間からの冷エクセルギーが、遠くの隣のエクセルギーだ。宇宙空間の温度は、マイナス270℃である。これ以上低い温度はないことを意味する絶対零度がマイナス273℃だから、きわめて冷たい。その冷たさを日常的に実感するのは難しいが、大きな影響を人間に与えている。たとえば、高温の砂漠で夜に氷が張る理由は、宇宙空間からの冷エクセルギーによる放射冷却である。宇宙空間と人間は、冷エクセルギーという放射によって直接結ばれている。したがって、驚くなかれ、宇宙空間は私たちにとって遠くの隣である。

近くの隣も遠くの隣も、きわめて頼もしい存在だ。そして、近くの隣と遠くの隣との付き合い方のバランスを考えなければならない。

◆隣の安定と向き合う

地球の現在の平均気温は15℃である。しかし、さまざまな生きものや人間は、この値と直接向き合って生きているわけではない。

地球のような大きな存在の全体を実感をもって把握するのは難しい。そこで、遠く引いた位置から俯瞰してとらえ、データを集めて平均値を求め

図36　隣への安定を示すモデル

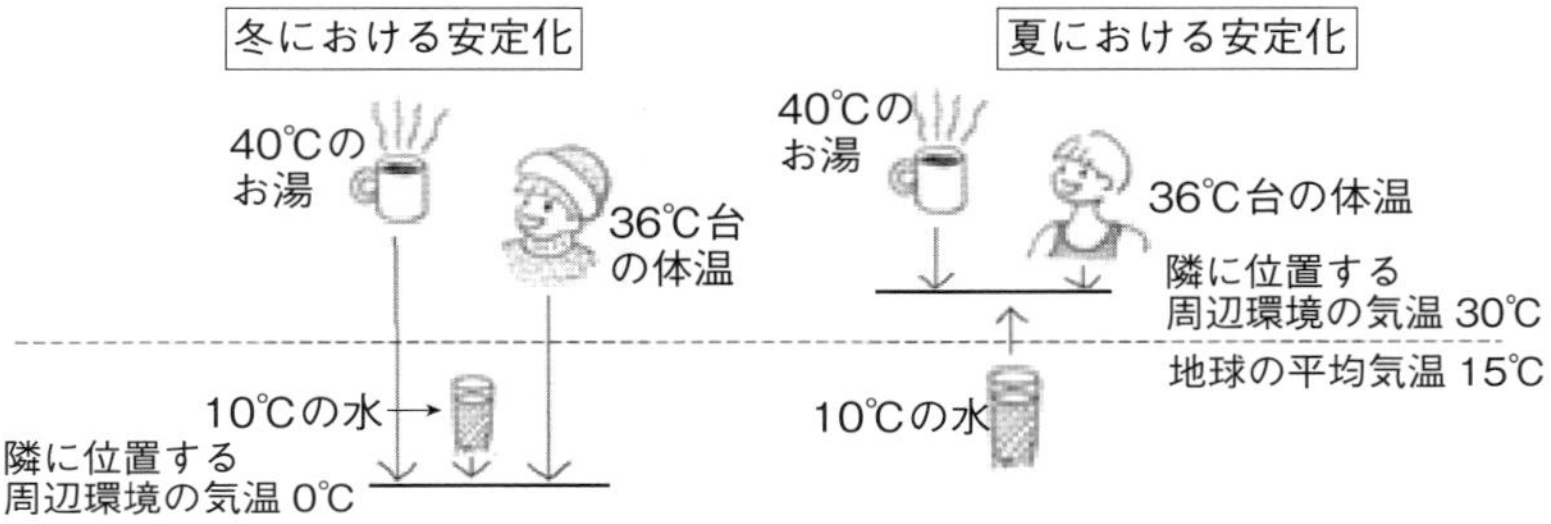

ようとする。多くの人たちが、この平均値を気にする。それは、社会的現象でも自然現象でも変わらない。平均値信仰といえるような思考回路に陥りやすいのだろう。

これに対して、全体の把握は大切だが、部分に向き合う姿勢の充実のほうが大きな意味があると考えるのが、エクセルギー的思考だ。地球の平均値以上に、隣の安定を重視する。季節や地域について、身近な(隣の)領域を考えてみよう。

たとえば関東地方の気温は、夏と冬でかなり変わる。気温は、私たちの身体の隣に位置する存在だ。夏は30℃を頻繁に超え、冬は0℃近くにまで下がる。それぞれの季節に、40℃のお湯を入れたコップと10℃の水を入れたコップがあるとしよう(図36)。

夏の場合、40℃のお湯は、最終的には安定した状況である30℃になる。お湯が温エクセルギーを消費するからだ。逆に、10℃の水は冷エクセルギーを消費して、最終的には30℃になる。平常時の体温が36℃台の人間は、30℃という隣の安定環境に向けて温エクセルギーを消費して生きている。

反対に冬は、40℃のお湯は、最終的には安定した状況である0℃になる。お湯が温エクセルギーを消費するからだ。10℃の水は、夏とは異なり温エクセルギーを消費して、やはり0℃になる。冬に人間は、0℃という隣の安定環境に向けて、夏よりも多くの温エクセルギーを消費して生きている。夏は夏、冬は冬の、隣に接する、そう長くは安定していない刹那的ともいえる安定環境に向けて、安定していく。

人間は、地球という長く安定した存在のもとで生きているが、自然のいとなみも人間のいとなみも、地球の平均値と向き合っているわけではない。常に変動する隣の環境に対して安定していこうとしている。これは重大な事実の発見である。

ただし、ここに現代ならではの問題が潜んでいる。それは、さまざまな製品や技術、生活が、概して隣に関係なく、一定の値に向かうようになっていることだ。たとえば、気候が異なってもビルや住宅の室内温度を年間を通じて一定値に保つように努力してきた。そのために、隣の領域を超えて、遠くから大量の資源を運んで使っている。

私たちが最終的に目指すのは地球の安定だから、平均値は大切な指標である。しかし、私たちが平均値と日常的に直接向き合うケースは少ない。私たちが日常的に関わるさまざまな現象は、隣の環境の安定状態に向かって変化している。そこで私は、日常的に向かうべき相手は「大きな地球の安定」ではなく、「隣の安定」であると考えるようになった。その変化を私たちの暮らしに活かす小さな工夫の集大成が、大きな地球の安定をもたらすのではないだろうか。

◆隣に役立てば、効率を追求する必要はない

隣との付き合い方を植物から具体的に学んでみよう。植物は光合成に際して、大きなエクセルギーをも

図37　植物の光合成といういとなみ現象

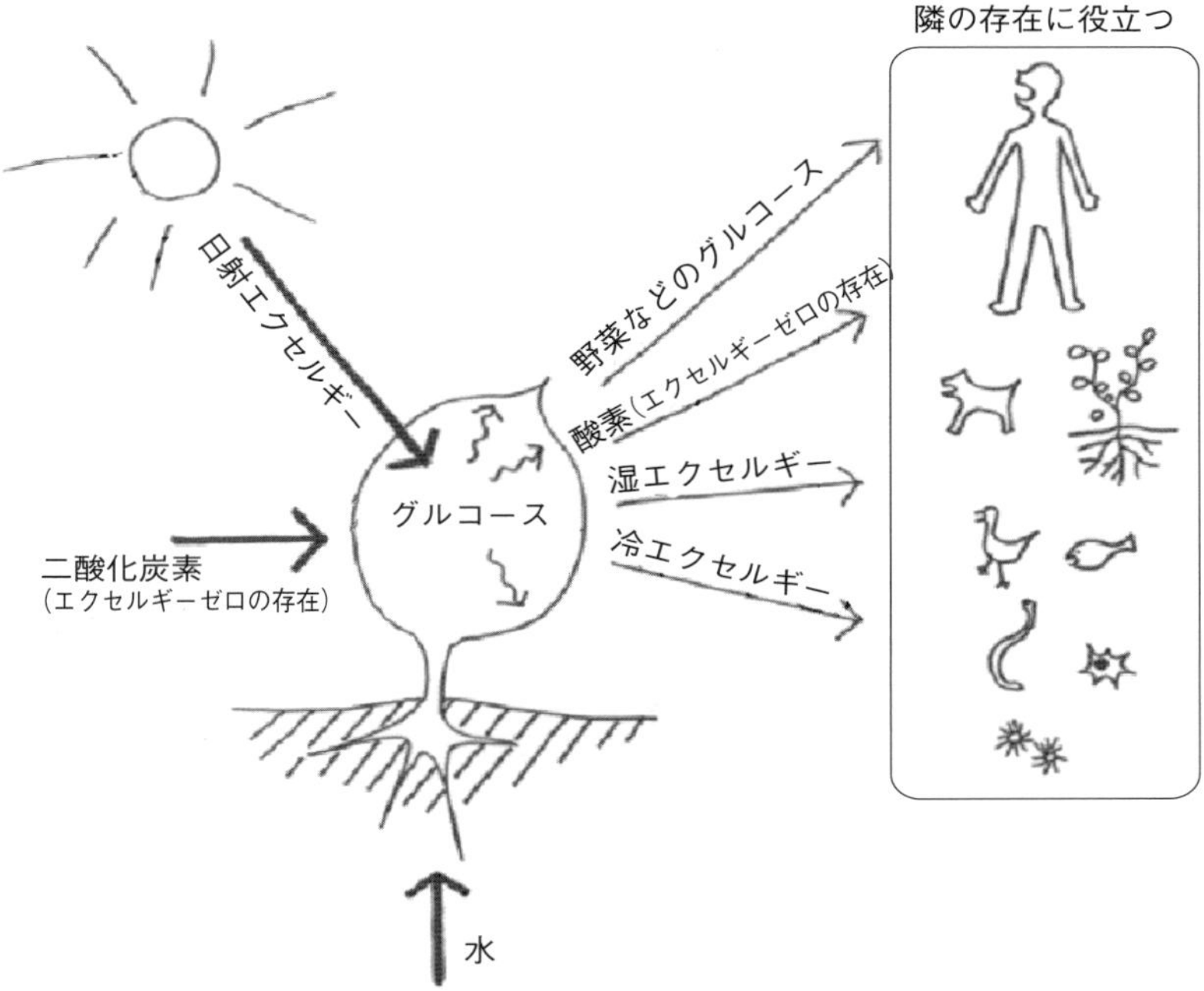

つ太陽の光を取り込む。同時に、エクセルギーがゼロの二酸化炭素や、湿エクセルギーをもつ水も取り込む。さまざまなものを取り込んで、体内でグルコース（ブドウ糖）を作る。だが、それで終わりではない。図37のように、植物が集めたエクセルギーの一部は姿を変えて、湿気をもたらす水蒸気の湿エクセルギー、周囲を冷やす冷エクセルギーになり、エクセルギーがゼロの酸素とともに放出される。

人間や動植物は、植物の散らかした冷エクセルギーで涼を得たり、酸素を取り込む。食料として、植物そのものも取り込む。よく観察してみると、植物が散らかすものは、人間だけではなく、さまざまな生きもののいとなみに役立っている。

宿谷昌則氏の研究によれば、植物は１㎡あたり15Ｗの日射エクセルギーから、１Ｗ

のエクセルギーをもつグルコースを得ているという（宿谷昌則『エクセルギーと環境の理論（改訂版）』井上書院、２０１０年）。大半の14Wは消費しているのだから、一般的には効率的とは言えない。だが、ここで効率を追求する必要はない。トータルで見れば、植物は周囲の人間や動物たちのために、また環境の維持のために、驚くほど多くの働きをしているからである（図37）。私はそれを次のように表現する。

「植物は隣の散らかりを（エクセルギーゼロのものも含めて）集めて、隣に役立つように散らかしている」

エクセルギーハウスでも同様の仕組みが見られる。暖房を稼働させる目的で雨水を温める太陽の温エクセルギーを、次の日の朝まで、ゆっくりと室内に散らかしていくための工夫である。そこでは、５７００℃という高温の太陽の光が放射され、その放射が水に当たり、暖房用の30～50℃のお湯が誕生する。これは、温エクセルギーをたくさん消費する過程である。集めた太陽の光のエクセルギーは１㎡あたり４６８W、使ったのは約７Wである。つまり、太陽のもつ大きな温エクセルギーを消費しているのだ。集めているとは言っても、実態は消費している、言い換えれば、散らかしている。

太陽の光のほとんどのエクセルギーは、地上表面や海水や人間の身体を温めたり、洗濯物を乾かしたり、植物のグルコースを作ったりと、隣に役立ちながら消費されて、安定状態にいたる。エクセルギーハウスでは、その過程のごく一部を暖房に利用している。植物の「集める」といういとなみの構造に学んだ結果である。その極意をまとめておきたい。

「集めたもの以上に、実際には多くを散らかす。その散らかしを隣の役に立つようにすれば、このプロセスにおけるエクセルギーの効率が低くても問題にはならない」

一般の工業生産においては、投入する資源を最小にして、生産を最大にしなければならない。しかし、人間や生きもののいとなみに必要なエクセルギーについては、そうした効率論はあまり意味がない。結果として、散らかりが必ず隣に役立つことが要求される。表6のように、効率は低くても重要な効果をもたらしているいとなみは少なくない。

表6　効率は低いが重要な効果をもたらしているいとなみ

分　類	具体的事例
植物のいとなみ	植物の光合成
人間の生理的ないとなみ	人間の新陳代謝
人間の人為的ないとなみ	エクセルギーハウスの太陽熱暖房

6　地球の住まい手になるために

◆隣のいとなみとの連鎖をつくる

地球の持続可能性を壊しているのは、さまざまな生きものではなく、私たち人間のようだ。人間は、地球の住まい手として落第生かもしれない。そこで、落第生から脱皮するために、エクセルギーハウスでは、持続可能性を維持するための原則として、いとなみアプローチを掲げた（75ページ参照）。

いとなみアプローチの姿勢で、暮らし方を工夫し、建物に改良を加え、広い意味では日々のいとなみすべてを見直していくことが、持続可能な明日をつくり出す。そのとき、本当の意味で「地球の住まい手」になれるだろう。幅広い分野でいとなみアプローチを考えて、できるだけ早く多くの人びとが本当の意味で地球の住まい手になるような家づくりと社会活動が、これからの私の使命だと思う。

そうした気持ちで、「エクセルギーハウスドットネット」というネットワークをつくった。ロゴマークの横向きのギアのような部分を見ていただきたい(図38)。ここには、「できるだけ縦の掘り出しを避けて、横のいとなみと連鎖していく」という意図がこめられている。一緒にこのネットワークをつくったデザイナーの小倉ヒラク氏がデザインしたロゴマークである。

図38　エクセルギーハウスのロゴマーク

>>> EXERGYHOUSE.NET
エクセルギーハウス.NET

◆エクセルギーを活用するための「いとなみの作法」

では、どうすれば地球の住まい手になれるのか。一言で表現すれば、植物に学んだ隣との付き合い方に帰結する。植物のいとなみである「隣の散らかりを集め、隣に役立つように散らかす」である。だが、これではわかりにくいだろう。そこで、「いとなみの作法」を整理した(図39)。エクセルギーハウスは、この作法によってつくられている。暖房の技術を例に説明してみよう。

手順１　身近なところ(隣)で放っておくと散らかっていく力を発見する。暖房のために、太陽の光を発見した。

手順２　散らかりを集めるものを探す。太陽の光を集めるために、雨水を発見した。

手順３　隣に役立つように、適切にゆっくり散らかすことを計画する。床下の放熱タンクに溜めた雨水の温かさをゆっくりと散らかせるように、建物を工夫した。これは「適切な消費の活用」を意味する。

これらは、世の中で一般的に語られているエネルギー消費とは感覚的にかなり異なる。大半の人びとは、必要な資源を遠くから運んで使い、大量の電力がなければ暮らせないと思っている。しかし、エクセ

図39　エクセルギーを活用するための「いとなみの作法」

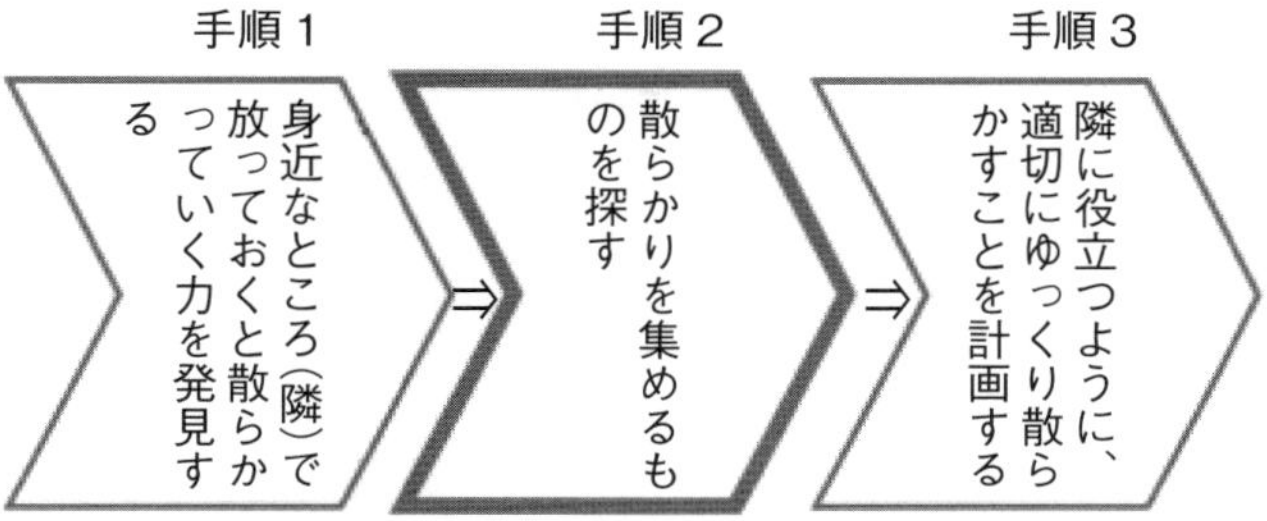
手順1
身近なところ（隣）で放っておくと散らかっていく力を発見する
⇒
手順2
散らかりを集めるものを探す
⇒
手順3
隣に役立つように、適切にゆっくり散らかすことを計画する

ルギー（隣にある資源性）に気がつけば、それらに頼らない暮らしの可能性が少しずつ見えてくる。そのときにぜひ覚えておいてほしいのが、この発想法である。

いとなみアプローチとほぼ反対の現象が見られるのは、トランプの婆《ばば》抜きだ。役に立たないだけでなく、迷惑をかける「婆」を、そういう存在であることを見破られないようにしながら、隣へ渡すゲームである。このゲームは、現代社会の一面を連想させる。婆は、誰が持っていても役に立たない迷惑な存在として嫌われながら、隣から隣へと渡される。

婆抜きに象徴されるように、隣には「隣から隣への連鎖」という意味が含まれている。いとなみの作法では、「隣に役立つように渡す」なかで、婆抜きのような負の連鎖ではなく、地球環境の改善に向けた正の連鎖の形成を期待している。「隣に役立つ」ということは、結果として「誰にも役立つ」ことを意味する。

第4章　本来の快適性と経済性

1 本来の快適性

◆身体への負担を軽減する「面」冷房

一般的に、住宅の暑さや寒さの目安は室温(室内の空気の温度)である。地球温暖化対策や省エネ対策でも、「夏はクーラーの設定温度を上げて28℃にしよう」などというメッセージが多い。しかし、「本来の快適性」を考えると、室温重視を見直す必要がある。

一般の木造住宅では、夏に室温を26℃に冷やしても床・壁・天井の表面の平均温度(以下「周囲面平均温度」)が30℃程度あることは、あまり知られていない。とくに2階など最上階の天井温度は40℃近いので、「1階よりエアコンが効かない気がする」という訴えもよく聞く。

窓を閉め切ってエアコンの設定温度を下げれば、自然ではあり得ない涼しさを得られる。しかし、その部屋に長くいると、足元が冷えたり、夜に身体がだるくなる場合がある。エアコンによる不快さは、多くの人たちが一度は経験しているのではないだろうか。この不快さの原因は、エクセルギーの解析によって明らかにされた。「夏は、室温より周囲面平均温度が高いと身体に負担がかかる」という事実である。

宿谷昌則氏の研究によると、夏に周囲面平均温度が室温より高いと人体のエクセルギー消費(消費速度)が大きくなり、周囲面平均温度が室温より低ければ小さくなるという。たとえば、エアコンを26℃に設定した部屋のエクセルギー消費速度は2・4W、室温30℃のエクセルギーハウスでは2・0Wである(図40)。

エクセルギー消費速度の大きさが不快の原因のひとつだったわけだ。

身体の内部から外部に向かってエネルギーや物質が散らかっていく、速度がゆっくりであるほど、つまりエクセルギー消費速度が小さいほど、身体に負担をかけない。

そこで、エクセルギーハウスは空気の温度以上に周囲面平均温度を重視する。すでに述べたように、雨水冷房によって壁や床の面を冷やして室温より低い状態に保ち、身体に負担をかけずに、快適性をもたらしている。図41を見てほしい。小金井市の雨デモ風デモハウスで２０１１年9月13日に、室温と、床面、壁面、天井面の温度を測ったところ、昼間は天井面の温度は室温より２～３℃低かった。また、床面と壁面も０～１℃は室温より低い。

図40　エクセルギーハウスの雨水冷房と一般の住宅のエアコン冷房の違い

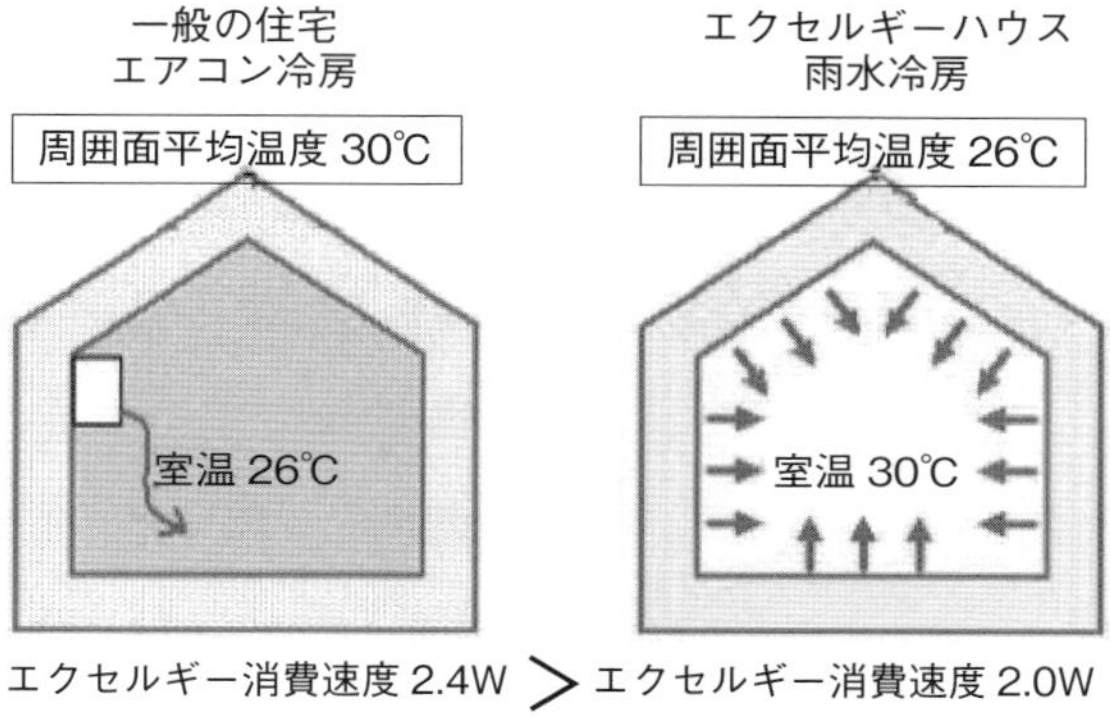

図41　雨デモ風デモハウスの夏の周囲面温度、室温、外気温

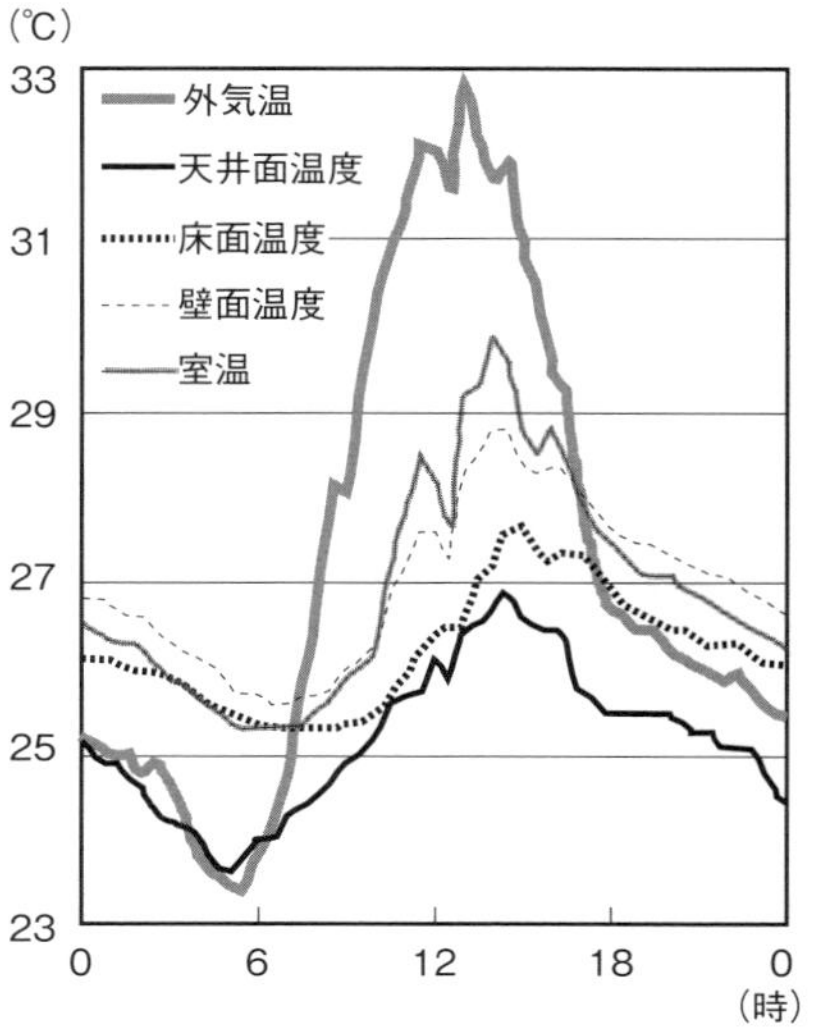

コラム 5 エクセルギーハウスのここに注目!!

市民協働の拠点づくり「雨デモ風デモハウス」

雨デモ風デモハウス(現・小金井市環境楽習館(小金井市環境配慮住宅型研修施設))は、市民と自治体行政が協力して行ったプロジェクトであり、「東京都地球温暖化対策等推進のための区市町村補助制度」のもとでエクセルギーハウス技術が評価されて始まった。また、多様な組織が行政と手を組んで地域の課題を解決していく、「新しい公共」の考え方の実践モデルでもある。行政の枠を超えて、東京都と小金井市と市民が協力して地域の拠点をつくりあげた。

最大の特徴は、企画段階から市民との協働プロセスで進められた点である。中心になったのは、環境問題やまちづくりをテーマに活動する多摩地域の NPO「グリーンネックレス」(2004 年設立)。3 回のワークショップを行い、参加者たちで練りあげた提案が 2010 年 2 月、東京都に採択される。延べ 28 回の検討会を開き、設計案と事業内容を決めていった。窓を開けることを基本に据え、東アジア特有の夏の蒸し暑さに対応し、冬も快適に暮らせるアジア型の環境建築であり、市民参加による公共建築のモデルでもある。

2011年9月の完成後 2013 年 3 月までは、庭で採れた野菜も使った料理を提供する「雨風カフェ」を市民で営業。スタッフの活動の輪が来訪者を広げ、にぎわいのある施設を実現していく。

また、4 つの大学が参加した温熱環境などの実証実験が行われた。その内容については、環境配慮型ライフスタイル推進協議会発行の「雨風BOOK ～雨デモ風デモ有効活用実験ハウスの未来生活術」を参照されたい。快適な住環境と、環境に配慮した暮らし方を体験・学習するための研修施設として、多くの小金井市民に加えて、全国からの来訪者に親しまれた施設である。そのほか、次のような大きな成果を生み出した。

①大学研究室や研究機関と市民との共同研究を目指した連続講座「雨風ゼミ」を開催し、地域内外の人びととの交流の場を創出。

②環境問題に関心をもつ若者向けの起業塾「++(たすたす)セッション」を開催し、デザイン・編集、環境配慮型商品の販売などを行う合同会社「たすたす」、コミュニティデザインをなりわいとする「GN 建築デザイン室」が起業。

③各種市民団体による写真展や環境映画の上映など、環境や地域をテーマとしたイベントを活発に行い、人と人のつながりを生み出す。

現在は、小金井市が小金井市環境市民会議などの協力を得て、環境学習の場として活用されている。(口絵 2・3 ページ参照)

◆冬に室温23℃より18℃のほうが暖かく感じる理由

冬の暖房においても同様のことが言える。図42は、冬の温熱環境が身体にどのように負担をかけるかを明らかにしている。縦軸は周囲面平均温度、横軸は身体のまわりの空気の温度（室内温度）、等高線のように見えるのが人体のエクセルギー消費速度だ。

図42　人体のエクセルギー消費と室内温度・周囲面平均温度の関係

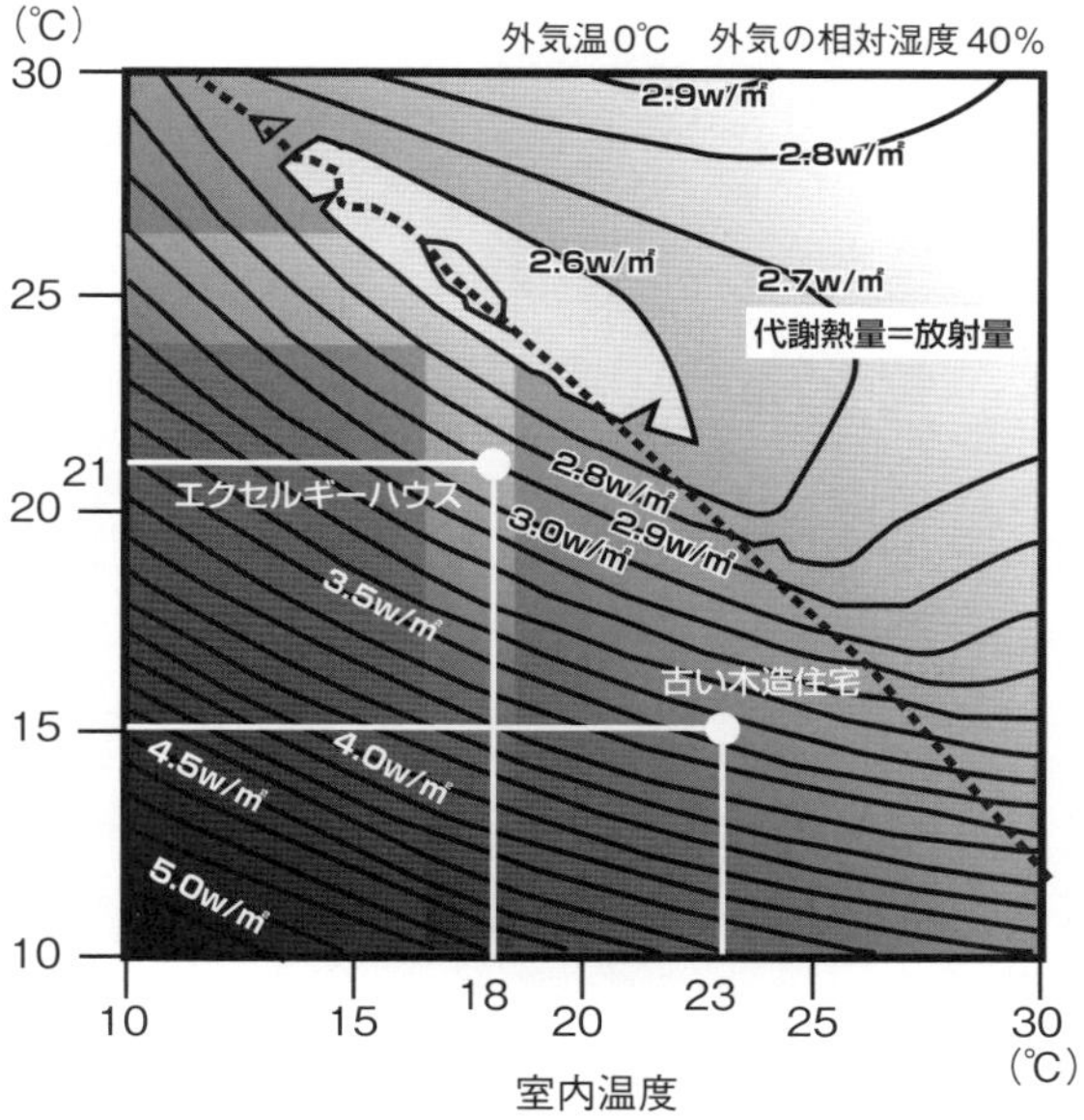

（出典）宿谷昌則氏（東京都市大学環境情報学部建築環境システム研究室）作成。

冬は、夏とは反対に室温よりも周囲面平均温度が低いとエクセルギー消費速度が大きくなり、身体に負担をかけている。たとえば、室温が18℃、周囲面平均温度が21℃のエクセルギーハウスでは、エクセルギー消費速度は2・9W／㎡である。一方、室温は23℃だが周囲面平均温度が15℃の古い木造住宅の場合、エクセルギー消費速度は3・5W／㎡で、1・2倍になる。だから、室温が低くても、周囲面平均温度が高ければ、暖かく快適に感じるのだ。

実際、雨デモ風デモハウスにあった「雨風カフェ」では、冬の間おおむね室温18℃で、子どもを寝かしつけながら長居する女性が多かった。これが本来の快適基準である。エクセルギーは、「周辺状況との差に起因する拡散の能力」である。図42から、消費されるエクセルギーが、人体にとって隣の存在である周囲面平均温度によって大きく左右されることが確認できる。

◆穏やかに変動する毎日のリズム

次に、エクセルギーハウスと一般住宅の室温変化を見てみよう。

雨デモ風デモハウスでは定期的に、地球環境に配慮した環境や住まい方に関する講座「雨風ゼミ」が開かれていた。２０１２年2月には5日間にわたって、雨デモ風デモハウスと受講者の住まい（一般住宅）16軒の室温を、受講者が参加して計測した。図43は、雨デモ風デモハウスと典型的な一般住宅３軒の比較である（3日間を抜粋）。外気温の平均は3～5℃だった。

すぐにわかるのは、暖房の有無にかかわらず、15～25℃の間を緩やかなカーブで変化している雨デモ風デモハウスの安定した暖かさだ。長時間暖房している部屋では、2月6日の午前8時のように、雨デモ風デモハウスが17℃のときにNEさん宅が22℃という時間帯もあるが、一般住宅ではピークを過ぎるとあっという間に室温が下がる。これは暖房のスイッチを切った後の低下を示している。一方、雨デモ風デモハウスでは、昼間集めた太陽からの熱を朝までゆっくり「散らかしていく」ので、室温はゆっくりとしか下

図43　エクセルギーハウスと一般住宅の室温の比較（2012年2月4〜6日）

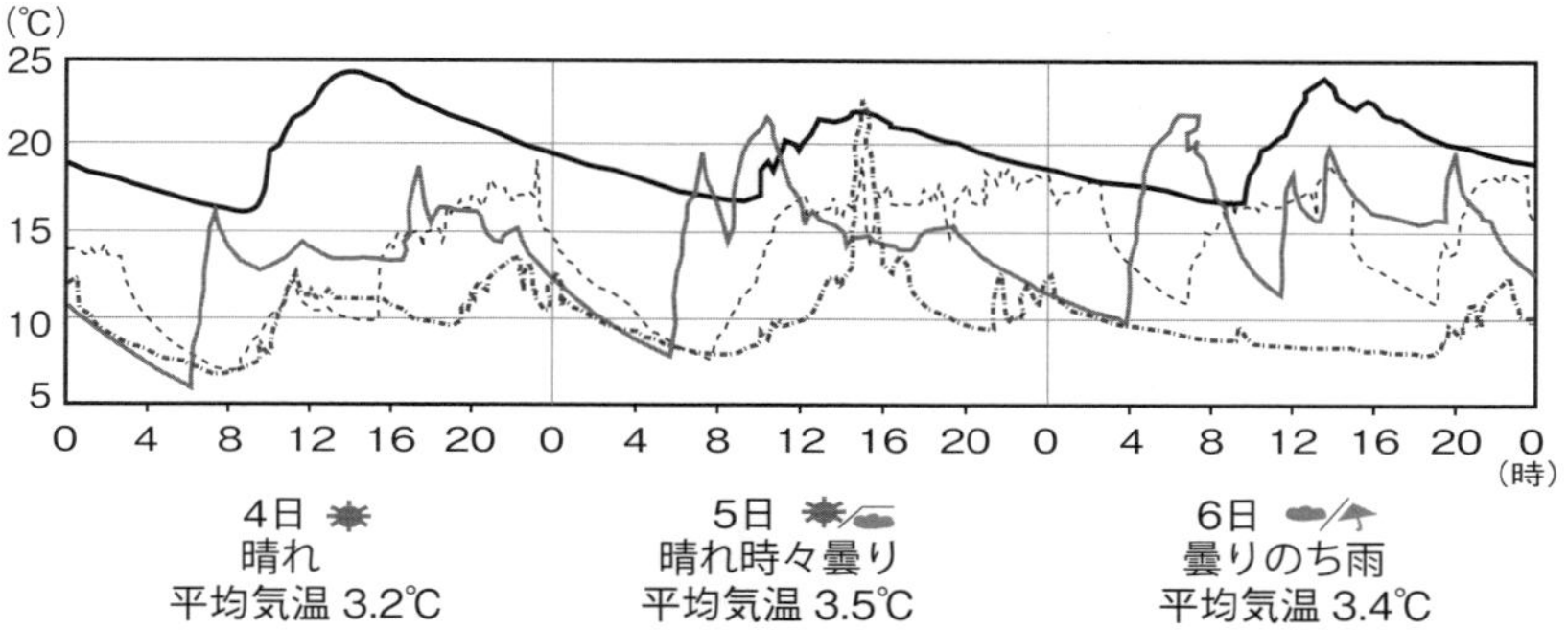

（注）━━雨デモ風デモハウス、------Aさん、━━NEさん、-·-·-Yさん

がらない。

3日目の2月6日は、天気が悪かった。太陽が出ない日には、ペレットボイラーによって床下の雨水を温める。したがって、天気のよい日と同じように、15〜25℃の間で推移する。

一般にエクセルギーハウスでは、太陽の熱と森林から得られるペレットのもつ身近なエクセルギーを活用して、天候や外気温にあまり左右されず、昼夜の穏やかなカーブが繰り返される。外気温は、夏と冬で異なる。一日でいえば、昼と夜で異なる。だから、自然な状態では、身体のエクセルギー消費も周期的な変動のリズムをもっている。その変動が大きくなりすぎないような調整が、身体にとって重要になる。言い換えれば、室温が大きく変化したり一定を保つ環境よりも、穏やかなカーブを描くほうが、身体への負担がかからない。

◆ムラのない温熱環境

エクセルギーハウスでは、空気ではなく周囲面温度を変えて、適切な温熱環境を生み出している。そのため家の中の温度にほとんど差がなく、いわば「全室冷暖房」の環境がつくられていると言ってもよい。

日本では、リビングやダイニングキッチンだけを暖房し、そこから一歩出ると非常に寒い家が多い。それは、温度差による血圧の急変動をもたらし、心筋梗塞や脳梗塞などの発作(ヒートショック現象)につながると言われている。ヒートショック現象は、リビングと、浴室や脱衣室やトイレの温度差が激しいために発生し、とりわけ冬に多い。高齢者の室内死亡事故の大きな一因であり、年間1万4000人が亡くなっているというデータもある(入浴事故防止対策調査研究委員会『入浴事故防止対策調査研究委員会報告書』東京救急協会、2001年)。交通事故より死者が多いのである。

エクセルギーハウスは周囲面平均温度を上げるので、リビングと脱衣室やトイレの温度はほとんど変わらない。家の中に温度差がなければ、身体への負担が減る。一部の部屋だけ暖かかったり涼しかったりすると、他室へ移動するたびに身体が受ける熱量が変化する。したがって、人体のエクセルギー消費速度が大きくなり、身体への負担が増す。

また、家の中に温度差がなければ、家の面積が狭くても全体をくまなく利用できる。「小さな家を大きく使える」のだ。これに対して、家の面積が広くてもふだん冷暖房のある部屋しか使わなければ、「大きな家を小さく使う」結果になる。これに近い状況で暮らしている人たちが多いのではないだろうか。経済面で考えても、大きな家を小さく使えば効率が悪いから、余分な出費が増える。とくに、首都圏はじめ人口密度の高い地域では、小さい家を大きく使う工夫が必要とされる。

◆東西に窓を開けないという鉄則

エクセルギーハウスの設備を取り入れさえすれば、すぐに心地よい居住環境が得られると勘違いしている人も少なくない。しかし、人間と同じように建物においても、まず「しっかりとした体質」が重要である。

断熱性、風通し、光の取り入れ方、そして健全な躯体（基礎・床・壁など）というように、建物自体が健康でなければ、快適性は生まれない。建物自体を地域や住まい手に適した体質にするためのさまざまなアイデアが、エクセルギーハウスの基盤になる。

建物を設計する際には、風況（風向きや風速など）や日射量について詳細に調べ、周辺の微気候を最大限に活かす。なかでも、設計の基本のひとつが「東西には窓を開けない」という鉄則である。東西と南北では日射量に大きな違いがあるからだ。

サイコロのような、どの面の面積も等しい立方体の家を想定してみよう。その一面を真南に向けて設置する。平地で、周囲に木や建物はないと仮定する。南に向かって右側は西面、左側は東面、裏側は北面、屋根に相当するところは水平面である。夏（夏至日）と冬（冬至日）の晴天の日の日射量の変化（東京）を示したのが、図44である。横軸が時刻、縦軸は日射量を示す。

緯度が異なれば線形が大きく変わるので、たとえば沖縄や北海道ではそれぞれのデータで検討しなければならない。とはいえ、世界全体から見れば、日本の大半の地域では以下の傾向がある。

夏は午前中、東面が最大６００Ｗ弱の日射量を受けている。南面は大幅に少なく、昼ごろをピークに最

図44　東京の建物の各外周面が受ける日射量（日射受熱量）

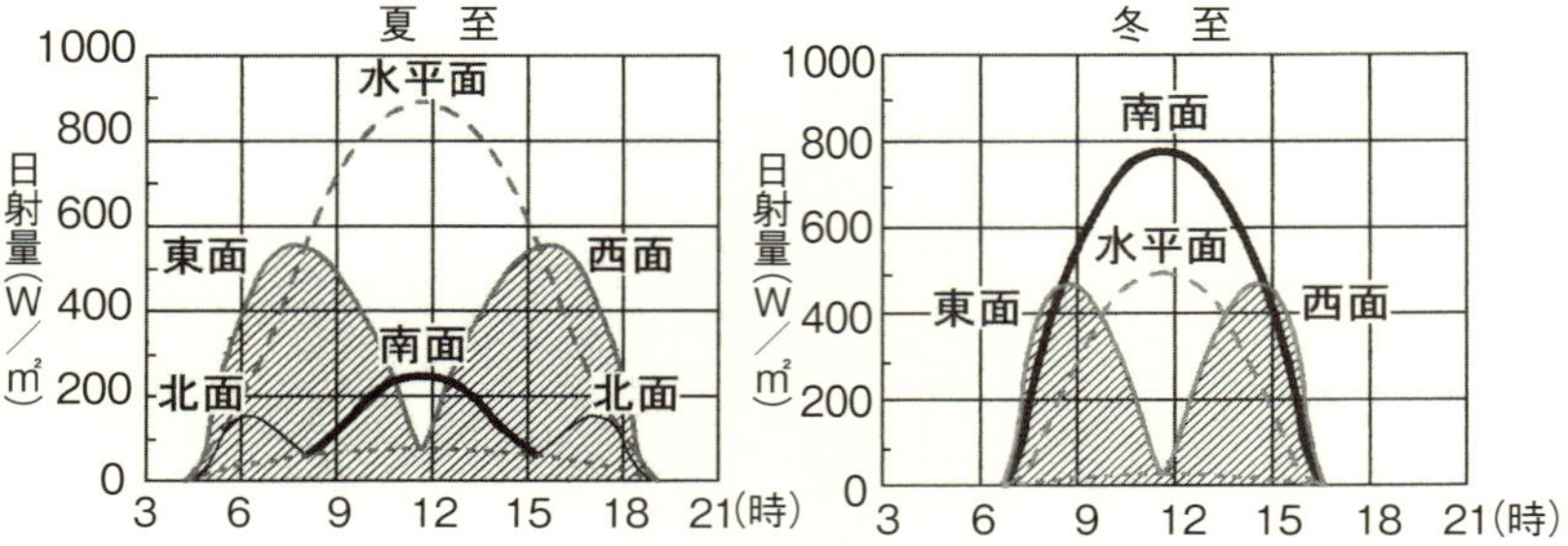

（出典）日本建築学会編『建築資料集成１環境』（丸善、1978年）の資料を加工。

大２００Ｗ強しか受けていない。逆に午後は、西面が最大６００Ｗ弱になる。

冬は状況が大きく異なる。東西面と南面について夏と比較すると、その大小関係はほぼ反転している。東面と西面はいずれも最大４５０Ｗ程度の日射量だが、南面は最大８００Ｗ程度と大きい。

そして、実際の日射量は、一日の変化のラインと日射量ゼロを示す横軸とに囲まれた山型が重要である。この山型の面積比が日射量の違いを示す。この違いを念頭に、南と東あるいは西に、同じ大きさの庇のついていない窓を開けてみた場合を想定してみよう。

夏は、南と東西の窓から図の山型の面積に対応する熱を建物に入れることになる。東西の窓は南の約3倍の熱を入れて、建物を暑くする。南側に約1メートルの庇をつければ日射量はゼロにできるが、東西側にその程度の庇をつけても日射量はたいして削減されない。つまり、日射制御の特殊な工夫を行わないかぎり、東西の窓は夏の熱侵入の大きな要素であり、暑さの大きな原因になる。ところが、この重要な事実があまり知られていない。「西日の入る部屋は暑い」は、この現象の一部を実感した表現である。

冬は、南の窓から東西の約2倍の日射量を建物内に入れられる。つまり、南の窓は東西に比べて、約2倍は建物を暖める能力がある。東西の窓は日射をあまり入れられないから建物内をあまり暖めず、熱を外に逃がしている。一方、南の窓は、建物内の熱を外に逃がしてはいるが、たくさんの日射量を入れられる。どう考えても、南に窓を設置するほうがよい。

したがって、私がかかわる設計では、費用をかけて日射制御の特殊な設備を設けないかぎり、東西には大きな窓を開けない。なお、窓は日射によって暖かさを導くと同時に、建物内の暖かさを逃がす要因でもある。だから、冬だけを考えれば、窓は大きすぎないほうがよい。

１９５０年代までの建築家は、居住空間における暖かさ、寒さ、日当たり、明るさ、風通しなどの物理的状態を扱う環境工学をよく研究した。しかし、現在は設備に依存している。大量のエネルギーを使う温熱環境に関心が向けられ、本来もっとも基本とすべき風況や日射量が見落とされている傾向がある。これは日本の建築にとって、非常に危険ではないだろうか。

電力やガスなどのエネルギーを用いずに、建物の構造や材料などの工夫によって熱や空気の流れを制御し、快適な室内環境をつくりだす手法を「パッシブデザイン」と呼ぶ。その見直しが重要になる。ただし、パッシブとは、環境を素直に受け入れるという意味をもつ。したがって、海外の真似はありえない。ドイツやスウェーデンなど気候のまったく異なる地域のパッシブデザインをそのまま日本に持ち込んでも、決してうまく機能しない。日本ならではの、各地域に合ったパッシブデザインが欠かせない。

住まい手に聞く

●エクセルギーハウスの住み心地1（東京都、川上邸）

生きている家

「自然の循環性を活かしたエクセルギーハウスに住むことは自然とともに生きること」と話す川上保衛さん

住宅を建築家と施主が一緒につくり、住まい手が命をふきこんでいく。それをもっとも理想的に実現したと思えるのが、東京都府中市の川上邸だ。

川上保衛《やすえい》さんが2010年に自宅を159㎡のエクセルギーハウスに建て替えるまでの2年半に、黒岩氏とかわしたレポートや建築資料は50本にのぼる。いまでも大事にとってあるという。そこでは、周辺の風況が細かく分析され、室内の空気の流れがデザインされている。黒岩氏は、南北の窓だけでなく、吹き抜け、階段、玄関などすべての場所で通風、温度や湿度の調整を考え、太陽の動きを分析し、光と風が最適な状態であるように設計した。

「家が生命をもって呼吸し、生きているようです。エクセルギーハウスは、夏の雨水冷房や冬の太陽熱温水暖房だけで

はなく、多様な知恵で緻密に設計されています」(川上さん)

たとえば、1階リビング洋室の天井に接している南の高窓から、冬は部屋の奥深くまで光が届く。川上邸では、その位置を床に印している。夏は、吹き抜けに通じる和室の腰窓(窓の下端の高さが人間の腰程度の窓)から冷気が下りていく。そして、キッチンの食器が自然乾燥しやすいように気流を考えた。それらはすべて自然の力であり、黒岩氏の言葉を借りれば「隣にあるエクセルギー」の利用である。

大和比の和室から黄金比の洋室を望む

大和比と黄金比のフォルム

長年数学の教師を務めた川上さんは、自宅のフォルム(型式)についても独自の分析をしている。リビング洋室開口部の縦と横の対比はすべて1対1・62の黄金比、和室のそれは1対1・41の大和比だという。黄金比は、線分を一点で分けるとき、長い部分と短い部分との比が全体と長い部分との比に等しいような比率である。古代ギリシャでの発見以来、人間にとってもっとも安定し、住居建築においてもっとも美しい比率とされている。大和比は、法隆寺の金堂、五重塔などの建築構造に見られる日本ならではの比率で、「自然の造形に学ぶ、住居建築における美しい比率です」と語る。

「黒岩さんの設計にはそうした自然の造形の美しさがあります。自然の循環を活かした家は無駄がなく、美しいフォルムをしている。それが、ここで生活する私の実感ですね」

そういう家に住むと、生命体である人間は癒され、快適さを感じるのだろう。川上さんの眼はいきいきとしている。「自然との交流、共生に心地よさがあり、自然の造形にこそ美の秘密が隠されている」というのが川上さんの持論であり、エクセルギーハウスを選んだ最大の理由でもある。

雪見障子をつけた縁側は居心地がよい

エクセルギー的住まい術

エクセルギーハウスの最大の理解者である川上さんは、自分流のエクセルギー的住まい術を取り入れている。

そのひとつが干した布団の利用である。冬の晴れた日、2階の屋根面に造られた布団干し台に干した布団は、太陽熱をたっぷり蓄熱する。それを取り込んで部屋に置いておくと、じわじわと暖かさが部屋に広がるという。畳のい草の繊維に熱が蓄えられ、太陽熱で暖められた畳と布団の熱が拡散する現象を意識的に利用しているのだ。

リビングに面した縁側の使い方にもアイデアがいっぱいだ。縁側には、プラスチックで裏打ちした雪見障子（一部が透明ガラスになっていて、障子部分が上げ下げできる）を設置している。夏の暑い時期は２階まで続くゴーヤの緑のカーテンで日差しを覆い、透明ガラスには吸水性の高い布をかぶせ、自動灌水機で布に散水して冷却するという。一方、冬の寒い時期には、暖かい日差しを縁側に取り込み、いわば温室に変身させる。縁側を冷気室や温室にすることによって、リビングの室温を調整する試みである

居心地のいい温熱環境に誘われて、縁側には野良猫たちが棲みつき、ご夫婦にかわいがられている。外猫にとっても、冷暖房完備の特別な場所にちがいない。

「身体に負担のない温熱環境がありがたい」と語る妻の光子さん

このほか、雨水冷房で冷やされた２階の空気を１階のリビングにうまく下ろすための補助として扇風機を使ったり、外気温が36℃以上になったときは使わない部屋の雨戸を閉めて断熱性を高めたりと、気温に合わせて衣類を脱ぎ着するように上手に住まう技を身につけている。エクセルギーハウスに暮らすと、エクセルギーを活用する「いとなみの作法」が自然と身につくのかもしれない。

〈聞き手：箕輪弥生〉

2　本来の経済性

◆全室冷暖房で光熱費が半分以下に

序章で述べたように、家庭で使われるエネルギーの6割近くは給湯と冷暖房で占めている。エクセルギーハウスでは、この部分に化石エネルギーをほとんど使っていない。したがって、給湯と冷暖房については、バイオマス費用を除けば、光熱費がほぼかからない（水質浄化も同様である）。隣にある資源の利用は、住まい手にとって経済的にも大きなメリットをもたらす。

図45は、エクセルギーハウス鎌ケ谷における、建て替え前と建て替え後の年間光熱費の比較である（建物の概要は24ページ参照）。建て替えによって、床面積が約1・5倍になり、居住者は3人から7人に増えた。

にもかかわらず、電気代が約18万円から約10万円に、ガス代が約23万円から約10万円に下がっている。合計では約41万円から約20万円と、半分以下に削減された。さらに、別途追加した売電用の太陽電池パネル（3・2kW）の年間売電収入が約11万円ある。それを差し引くと、年間光熱費は正味8万6891円で、21％まで削減されている。

図45　エクセルギーハウス鎌ケ谷の建て替え前後の年間光熱費の比較

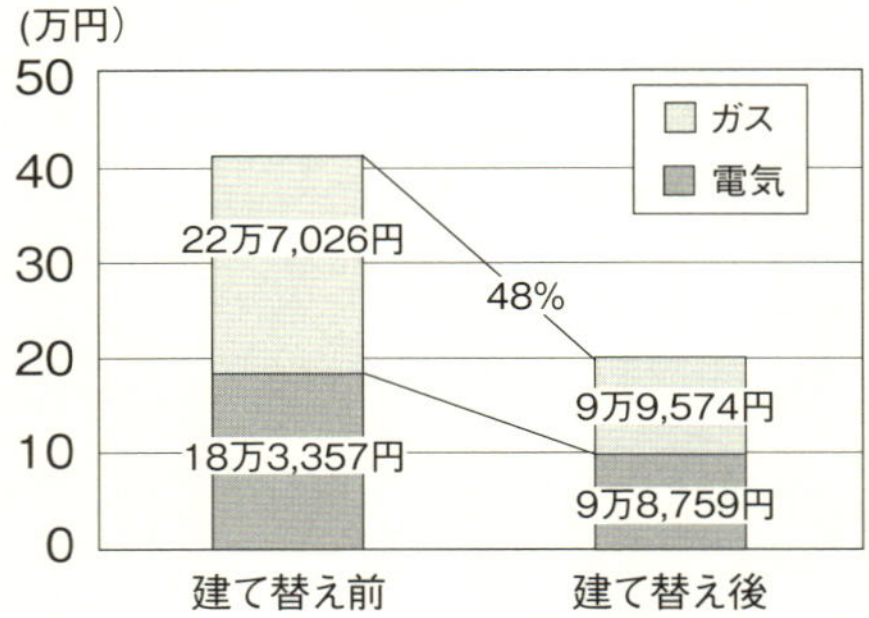

◆メンテナンスから考えた経済性

経済性を考えるとき、盲点になりがちなのが、メンテナンス（維持・整備）にかかわる費用である。

一般的なエアコンやガス給湯器の平均寿命は8～10年だ。ハイテクを駆使した複雑な大量生産品は、想像以上に寿命が短い。しかも、ガス給湯器やガス追い焚き器などの交換には約20万円かかる。これに対して雨水や太陽熱を用い、単純でローテク技術を駆使したエクセルギーハウスの主要部品は、少なくとも20年、長いものは60年もつ。交換する場合も、バッテリーやポンプなど一部だけですむ。

①天井冷放射パネル

金属板部分は、屋外の屋根に使用されているガリバリウム鋼板だ。エクセルギーハウスではそれを室内で利用し、かつ年間3分の1程度しか使わない。屋根に使用する場合のメーカー保証期間は20年で、天井では60年使用可能であるとメーカーから説明された。

②床下放熱タンク

太陽のあたる屋外でも、15年は使用できることが実証されている。素材のポリエチレンが傷む主要因は紫外線なので、雨水の水質の変動が大きくなく、床下にあるかぎり、半永久的と考えていい。

③太陽熱低温採熱器

メーカー保証期間は20年である。大型で重い平板型太陽熱温水器は、一部に多少の不具合が生じても、すべてを交換しなければならない。一方、数十本～１００本程度の耐久性のある採熱管で構成されているエクセルギーハウスの太陽熱低温採熱器の場合は、問題が生じた採熱管のみを交換すればよい。

◆３００Ｗの太陽電池パネルで生活できる家

エクセルギーハウスでは、25ページで述べたように、３００Ｗの太陽電池パネルで、冷暖房、給湯、排水浄化に必要な電力をほぼまかなっている。一般のエコハウスの10分の1程度の発電能力でよいという事実は、なかなか信じてもらえなかった。10分の1ですむ理由は、一般の家で必要な熱関連のエネルギーの大半を、電気に変換せずに、直接熱のまま利用しているからである。

冷暖房、給湯、排水浄化に際しては、冬は水を床下から屋根の上へ、夏は雨水を床下から天井の上へ（26ページ図10）、そして浄化されたきれいな水を食菜浄化水路の末端にある貯水槽からキッチンへ（44ページ図21）、それぞれポンプで送る。また、配管の途中で水を流したり堰き止めたりする開閉制御弁を操作する。そうした機器を制御するためのコンピュータに必要な電力が、３００Ｗなのだ。それらはすべて、太陽電池がつくる直流（ＤＣ）の12Ｖでまかなっている。

私たちが一般住宅で使用しているのは、交流（ＡＣ）の１００Ｖだ。ある程度遠くまで電気を運ぶためには高い電圧が必要であり、送電線で送りやすくするために、交流に変換して配電している。それに対して、直流の12Ｖを使うのには二つの理由がある。

ひとつは、素人が取り扱えて、修理もできるからだ。太陽電池からインバーター（直流を交流に変える装置）を通さずに利用できる電圧で、触っても感電の危険性がほとんどないので、電気工事士の資格を必要としない。

もうひとつは、直流から交流に変換するロスを省くためだ。コンピュータやテレビなど家電製品の多くは直流の25Ｖ以下で動く。にもかかわらず、一般住宅に引き込まれているのが交流の１００Ｖであるために、わざわざ変換している。その過程で、５～10％のエネルギーロスが発生するという。

なお、12Ｖを使用しているのは、太陽電池パネル、開閉制御弁、ポンプ、バッテリーなどは12Ｖの製品が多いからだ。

直流システムは、電力会社から送られる電気になるべく依存したくないと考える人を後押しする。太陽電池を利用すれば、電力会社と契約しない「オフグリッドな暮らし」が実現する。エクセルギーハウスでは、直流の12Ｖだけで稼働する「ＤＣ（直流）ハウス」仕様も用意している。

夜間は昼に発電した電力を利用する。３００Ｗの太陽電池パネルの場合、発電した電気を溜めておくバッテリー（蓄電池）は４台必要になるが、価格は合計２万～３万円だ。エクセルギーハウスでは、もっとも普及している自動車用のバッテリーと普及型の鉛蓄電池を用いている。４年ごとに交換しなければならないが、カー用品店などで容易に手に入るし、経済的負担が少ない。一方、大量に溜める場合は高価なリチウムイオン蓄電池を使う必要がある。

◆売電用の太陽電池パネルを追加して載せる

電気使用量が少ないエクセルギーハウスに、一般的な３～４kWの太陽電池パネルを載せれば、かなりの売電益が得られる。２０１２年７月から、太陽光発電や風力発電でつくられた電気を電力会社が一定価格で買い取る再生可能エネルギーの固定価格買取制度が導入されたから、コスト回収の見通しもたちやすい。実際、雨デモ風デモハウスには売電用として４・２kWの太陽電池パネルが載っている。その売電益は、市民による運営を支える収入の一つとして位置づけられていた。

なお、太陽電池パネルシステムは、系統連携系と独立系に分かれている。前者は電力会社と連携を取るシステムで、いまの日本では一般的である。後者は送電線につながず、売電ではなく自宅で利用するシステムだ。

系統連携系は、太陽のエネルギーを太陽電池パネルで直流の１５０〜８００Ｖに変換し、パワーコンディショナーで交流の１００Ｖに変換する。晴天の日中に太陽電池パネルが活躍し、電気使用量が少ないときは、電力会社から供給される電圧より高くなるので、電気が建物内から屋外の電線へ流れ出る。その量をカウントし、それに単価を掛けた額が売電金額となる。多くの場合はバッテリーを設けていないので、夜間は電力会社が供給する電気を使っている。

独立系は、太陽のエネルギーを太陽電池パネルで直流の12Ｖ程度に変換し、そのまま使用するか、バッテリーに蓄えて使用する。充電する場合は、太陽電池パネルをチャージコントローラーにつなぐ。チャージコントローラーは、発電した電気をバッテリーに充電し、電圧をコントロールするほか、夜間に電気がバッテリーから逆流するのを防ぐ役割がある。家電製品に使う場合は、交流電流に変えるコンバーターを接続する。

◆移行期は柔軟に

隣のエクセルギーを住まいや住まい方のすべてに活かすのが理想である。しかし、現時点では必ずしもそうなっていなくてもよいと考えている。なぜなら、社会や環境にとって有用であっても、それが社会システムとして実現されるには長い移行期間を必要とするからである。住まいや住まい方の基本部分は隣のエクセルギーを活用し、それ以外は住まい手のライフスタイルに無理が生じるような導入は避けたほうがよい。

たとえば、照明や洗濯機などの家電製品用の電気は、交流の１００Vを使用している。これらもほとんど直流12Vにできるが、そうした家電製品が販売されていないからだ。また、冬の天気の悪い日の放熱タンクの加温には、ガスやヒートポンプを採用している。ヒートポンプとは、外気や井戸水などの熱（ヒート）を電気やガスを使って汲み上げる仕組みで、水を汲み上げる一般のポンプとは異なる。現時点ではペレットボイラーや薪ボイラーに比べて取り扱いが容易であり、とくに都市部に生活する場合は使いやすく、移行期にふさわしい。

すべてのライフスタイルがエクセルギーハウスの基本理念に沿ったものに変わるまでには、しばらく時間を要する。エクセルギーハウスでは、移行期間の柔軟な対応によって経済性を実現している。

●エクセルギーハウスの住み心地2（千葉県、河原邸）

共感から実感へ

「雨水を家の地下に溜めていれば災害時も安心だし、理にかなっている」と亜矢さん。河原家以降、6tの雨水タンクをエクセルギーハウスの標準とした

エクセルギーハウスの広がりは、エクセルギーハウスの考え方と黒岩氏の取り組みへの共感からすべてがスタートしている。河原家がエクセルギーハウスを知ったきっかけは、ブログと住宅雑誌だった。娘の亜矢さんが、もともと住宅や建築に興味があったという。

「私は住まい手さんのブログを読むのが大好き。自然素材や雨水利用にも関心をもっていたので、黒岩さんやエクセルギーハウスの住まい手さんのブログを読んで、すっかり心を奪われたんです」

「建てるならエクセルギーハウス」と亜矢さんは思ったが、家族の賛同を得るにはハードルがあった。というのも、そのころ住んでいた家は築22年だが、耐震補強も行い、ご両親はまだまだ住めると思っていたからだ。

それが変わったのが、我孫子市（千葉県）や多摩市（東京都）にあるオープンハウス（特定の案内日にだけ見学できる家）での体験だった。建て替えに難色を示していたお母さんの百合子さんは、その涼しさに驚いたそうだ。

「真夏で、汗だくで着いたのですが、エクセルギーハウスに入ったとたん、す～っとしました。蒸し暑さがまったくなく、ひんやりして木陰に入ったみたい」

「真夏に、こんなに涼しく過ごせるんだ」という実感が、建て替えを後押し。２０１３年１月、千葉県鎌ケ谷市に、全国で15番目のエクセルギーハウスが誕生した。

梁を歩いて、ロフトにいる娘さんと遊ぶ猫のチャチャ

人間にも猫にもうれしい家

以前の家では、リビングを一歩出ると寒くて息が白く見えるときもあったが、「いまは家全体が暖かくて、外の気温がわからないほど」と、家族みんなが口をそろえる。

「冬も薄手の羽毛布団で大丈夫。雨が続いても、ほとんど寒さを感じませんでした」（百合子さん）

いまの家に住むようになって、百合子さんは早寝早起きに変わった。かつては夜中過ぎまで眠れなかったのが、12時前にすっと眠りが訪れるという。エクセルギーハウスが自然のリズムを取り戻すきっかけをつくったのかもしれない。

そして、この家を一番楽しんでいるのが4匹の猫たちだ。無垢の杉の床を走り回り、自由に梁に登り、陽だまりでグルーミングする。ベランダで外の空気を吸った後は、キャットタワー(猫が飛び乗ったり飛び降りたり、上下運動ができる専用の遊具)で一休み。部屋と部屋がつながっている有機的な設計を楽しみ、人間より大きく使いこなしている。

太陽熱で温められた雨水が床、壁、天井を温め、気持ちのいい風が通る。猫にとってもバリアフリーの心地よさだ。猫好きの亜矢さんが一番こだわった部分でもある「猫にも気持ちのいい家」。それは、猫たちの満ち足りた表情からよくわかる。

電気代が大幅に減った

河原家は現在、3世代7人+猫4匹の大家族。普通の家であれば、冬の電気代は1カ月2万円を超えてもおかしくない(資源エネルギー庁「平成22年度(2010年度)におけるエネルギー需給実績」より推測)。実際、2012年2月の電気代は約2万8000円(電気使用量994kWh)かかった。

ところが、エクセルギーハウスに住むようになった2013年2月の電気代は約8200円(電気使用量309kWh)。前年の29%にすぎない。しかも、3・2kWの太陽光パネル(設置費用は200万円)をつけているため、使用量より発電量が上回り、約1200円の利益になったという。その後、半年間は、いずれも電気代を売電額が上回り、順調に売電益が出ている(図46)。

図46　河原邸の電気代と売電益（2013年2～7月）

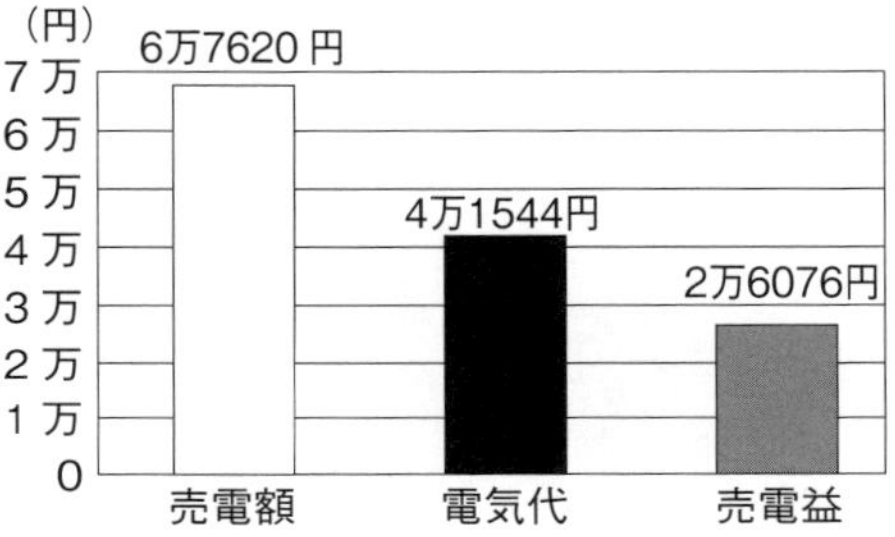

ガス使用量も同様だ。２０１２年２月の使用量が２０８㎥だったのに対して、２０１３年２月は63㎥。30％に減少した。

この差には家族も驚いている。以前の家より延べ床面積が55㎡も増えて１７０㎡になったにもかかわらず、光熱費は３分の１以下になり、快適性が大幅にアップした。省エネをする、効率を上げるという発想ではなく、身近なエクセルギーを使って住まいに必要な快適性がもたらされたのだ。

これは、太陽熱温水器が改良を重ねて性能がアップし、断熱、遮熱、風通しなどの仕組みが改良され、エクセルギーシステムが進化している証明でもある。また、河原邸からは、「ネット・ゼロ・エネルギー・ハウス支援事業」（１３７ページ参照）の補助金が受けられるようになったため、経済性もアップした。

「いままでの家はなんだったんだろう」という亜矢さんの言葉に、エクセルギーハウスの本質が見える気がする。

〈聞き手：箕輪弥生〉

3　環境マネーを生み出す住まい方

詳しく調査してみると、環境に負荷をかけていることがわかり、その改善費用が必要な物品やシステムは、その金額つまり負の環境マネーを内在していると考えられる。反対に、ある物品やシステムが環境の改善に貢献できる金額を環境マネーと呼ぶ。

◆エアコンのマイナス効果

これまで繰り返し言及してきた「隣に役立つ」という概念で経済効果を考えることが、今後とても重要である。たとえば、エアコンで冷房する家は、建物内を冷やすと同時に、排熱によって建物外（隣）の周辺環境を暑く（温暖化）していることになる。

では、どのくらい暑くしているのだろうか。冷暖房器具のエネルギー使用効率の目安として、成績係数ＣＯＰ（Coefficient Of Performance）が用いられている。冷房の場合、冷房能力÷消費電力で表される。この係数が３のエアコンを使う場合を想定してみよう。

図47でわかるように、ＣＯＰ３のエアコンは、１の電気を投入すると、３という数値分、すなわち３倍の冷熱が得られる優れものである。ところが、この

図47　屋外の温熱環境に負荷をかけるエアコン

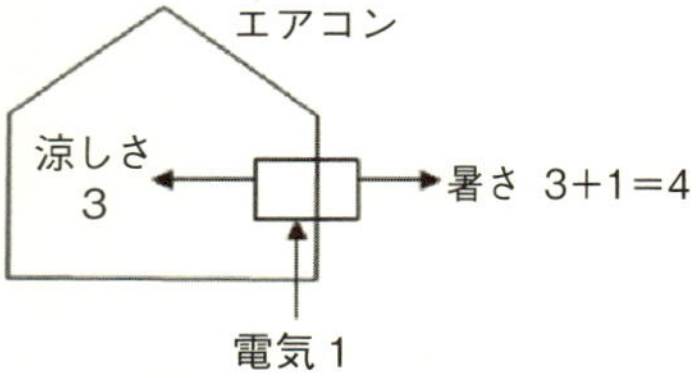

エアコンは、その3という数値に、投入した電気1を加えた4という数値分だけ、つまり投入した電気の4倍の温熱で、外を暑くしているのだ。仮にCOPが4ならば、5倍も暑くしていることになる。

この実態をみると、エアコンは室内冷房機ではなく室外暖房機と表現したほうが適切だろう。室外機からの排熱は、都市部で起きるヒートアイランド現象の原因のひとつになっている。その結果、熱中症が増え、その対策費が必要になる。これは、エアコンが内包する、見えざるマイナス経済効果だ。最近は、この排熱の一部を活用するエコキュートなどの機器が誕生している。

図48　東京都心の湿度と道路舗装率の推移

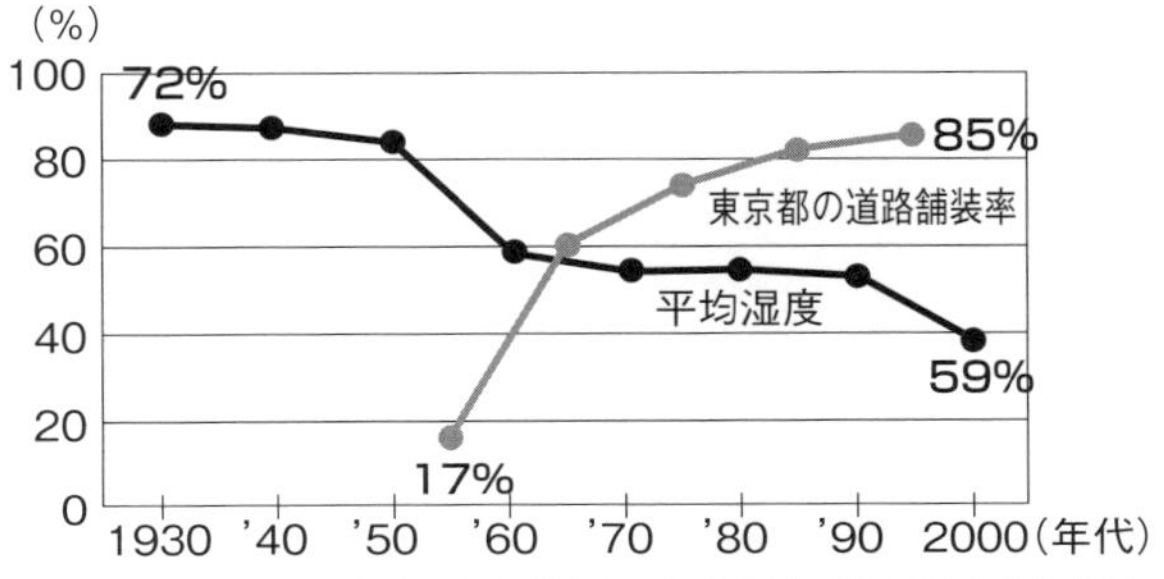

（出典）気象庁「気象統計情報」、国土交通省「道路統計年報」。

◆森林と同等の雨水の蒸散

一方、エクセルギーハウスではエアコンを基本的に使わないから、この排熱がない。しかも、緑化の代替機能を果たしている。

夏の涼しさをもたらす床下放熱タンクに溜めた雨水の蒸発量（1日あたり1～4㎜）は、エクセルギーハウスが建っている敷地が森林だとした場合、その木が蒸発させる雨水の量とほぼ変わらない。

森林や草原などを切り開いて建物や道路で覆い尽くしてきた都市化の過程は、地域の微気候を大きく変えてきた。図48は、20世紀の東京の湿度と道路舗装率の変化を示している。気温の上昇はよく知られているが、湿度の低下はあまり知られていない。実は、1930年代から200

表7　エクセルギーハウスと標準的な住宅の年間 CO_2 排出量の比較（単位：kg－CO_2）

	標準住宅	雨デモ風デモハウス	削減量（kg-CO_2）
電力消費に由来	2,292	344 ～ 802	1,490 ～ 1,776
ガス消費に由来	821	410 ～ 820	0 ～ 410
水道消費に由来	194	72 ～ 94	100 ～ 122
灯油消費に由来	698	0	698
厨芥処理に由来	17	9.4 ～ 10.7	6.3 ～ 7.6
合　計	4,022	835 ～ 1,730	2,294 ～ 3,186
CO_2 削減率			**57.0 ～ 79.2%**
発電効果を加えた総 CO_2 削減率			**91.2 ～ 113.4%**

（注1）削減量の計算が合わない部分があるが、出典のとおりとした。
（注2）雨デモ風デモハウスは3週間の生活をもとにした推計であるため、年間排出量の幅が大きい。
（出典）小金井市環境部環境政策課。

0年代の70年間に13ポイントも乾燥しており、それが舗装率の拡大と反比例している事実が読みとれる。最近は都市の緑化が図られてきているものの、急速に森林を増やすのはむずかしい。だが、エクセルギーハウスを建てれば、森林と同等の雨水の蒸発機能が代替できる。ヒートアイランド現象を生むのではなく、森林と同じ働きによって、気温を下げ、湿度の低下を抑える効果があると言えるだろう。

さらに、食菜浄化システムは、生物多様性がなければ成り立たない。家の周囲に水路を配し、さまざまな水中生物や植物が共生することで、生物多様性の確保に寄与し、費用をかけずに良好な生態系を形成している。

◆CO_2を大きく削減

エクセルギーハウスでは、快適性と経済性がもたらされると同時に、電気やガスの使用量が大きく減り、CO_2排出量を大きく削減している。

ただし、その減り方はライフスタイルや天候によって異なる。そうした差を考慮に入れたうえでの削減効果を表７に示した。これは、年間３回（合計３週間）、数名が雨デモ風デモハウスで標準的な住宅と同様に生活して、温室効果ガスの排出量を比較したデータである。その結果をみると、排出量は標準的な住宅より57〜79％も削減されていた。さらに、雨デモ風デモハウスに設置された太陽光パネル（４・２kw）の発電効果を加えると、CO_2削減量は91〜１１３％になり、CO_2排出ゼロも達成可能になる。

エクセルギーハウスに住む人たちは、CO_2排出量の削減によって地球温暖化の防止に大きく貢献している。

◆自然に還る家

ライフサイクルアセスメントという考え方がある。建物について言えば、材料を用意し、建設し、住み（使い）、壊されて廃棄されるまでの一生（ライフサイクル）をとおして、どの程度の負荷を環境にかけているか明らかにし、改善策を検討することを言う。

建築時にエネルギーを多く使うと思われがちだが、実際には使用時のほうが比べものにならないほど大きい（69ページ参照）。エクセルギーハウスでは、使用時の化石燃料の消費を大幅に抑えるだけでなく、建築時と解体時も環境に負荷をかけないための工夫に努めている。

まず、構造材（建物の骨組みになる部材）はおもに国産木材を用いる。床材は杉の無垢材を使う場合が多い。表面が合成樹脂でコーティングされた合板フローリングと違い、香りも足ざわりもよいからだ。木そのものがもつ水分や湿気を調整する能力によって、夏は裸足が心地よい、さらっとした床になる。また、空隙がたくさんある細胞から成り立つ木は熱を奪いにくいので、冬には床が暖かく感じられる。

壁には漆喰を多く使う。漆喰は、古くから日本の城や家屋で壁の上塗りなどに使われてきた、消石灰を主成分とする建築材料だ。調湿効果が高く、湿度が保たれる。

このほか、藁や多孔質な火山礫を断熱材に使う、苔や木の皮の目地や隙間を埋めて密封し、防水機能をもたせてシーリング材に使うというように、古くから使用されてきた素材を地域の風土やライフスタイルに応じて採用してきた。

さらに、以前とは異なる用途も科学的実証を加えたうえで検討している。たとえば、かまどを作る際などに珪藻土が使われてきたが、2ナノメートル（10億分の1メートル）から50ナノメートルという微少な空隙の寸法の珪藻土は湿度調整能力があるという。現在、内壁や天井の仕上材として利用している。

こうした自然素材は、最後は土に還るという特性も持ち合わせている。

4　地域の防災を担う

◆非常用の水を確保

エクセルギーハウスの床下に溜めている雨水は、非常用水としても利用できる。通常は2〜3トンだが、熱容量を高めたり、住まい手の希望に応じて、6トンの場合もある。一般的な消防自動車は1・5トンの水を積んでいるので、3トンであれば2台分、6トンであれば4台分だ。初期消火用には十分役に立つ。

身近にあって親しまれている池やタンクなどの水が非常時に活用しやすいというのは、１９９５年に起きた阪神・淡路大震災の教訓だ。防災用には日常的に使われている水が望ましいと、日本建築学会は指摘している（日本建築学会編『水辺のまちづくり――住民参加の親水デザイン』技報堂出版、２００８年）。

また、災害時のライフラインについては、水道の復旧が遅れる場合が多い。飲料水は支援されたとしても、トイレ用、洗濯用、食器洗い用などの生活用水が足りなくなる。内閣府・消防庁・気象庁共同調査「津波避難等に関する調査結果」（２０１１年）によると、東日本大震災後の避難所生活で困ったこととして、トップに「シャワーや入浴があまり出来ない」（47％）、上位に「水道、電気、ガスなどのインフラが復旧していない」（35％）や「トイレの数が少ない」（25％）があげられていた。

生活用水としてエクセルギーハウスに溜めている雨水が使えれば、大きな安心がもたらされる。各家庭が６ｔの雨水を蓄えていたとしたら、防火用水や緊急時の生活用水供給への自治体や自衛隊の負担が減るはずだ。

◆都市型洪水を抑制

雨水を蓄えるメリットは、ほかにもある。昨今のゲリラ豪雨の頻発で、都市型洪水が心配されている。都市型洪水が起こりやすくなったのは、雨樋や下水道の整備によって河川の構造が改変され、本来ゆっくりだった流れが加速されたためでもある。

第二次世界大戦後の日本では、水路や河川のそばの低湿地も住宅地として開発されてきた。低湿地には、河川の幅をできるだけ狭くし、流れをまっすぐにして、水の流れの抵抗を減らす目的で、コンクリート堤防が造られていく。当初は洪水を減らす効果があったものの、多くの家の屋根に雨樋がつけられ、下水道管によって水路や河川に結ばれると、雨水が一気に水路や河川に流れ込むようになった。これは、開発に伴って周辺の水田、森、低湿地が減り、雨水をいったん溜めていた機能が失われたことも影響している。

こうした現象が重なった結果、大量の水が急速に水路や河川を流れ、洪水がたびたび起きてきた。今日では、それに気候変動による豪雨が加わっている。

大雨の際に各戸でいったん雨水を溜め、適切な時期に放水すれば、洪水はある程度抑制できる。エクセルギーハウスでは、少なくとも1軒あたり2トンの流出抑制が可能だ。２tは、風呂のお湯10杯分、消防自動車１・５台分に相当する（図49）。にもかかわらず、適切な時期に放水するのは難しいという理由で、各戸ごとの雨水貯留は意味がないと言われてきた。

図49　エクセルギーハウスに溜められる雨水の量

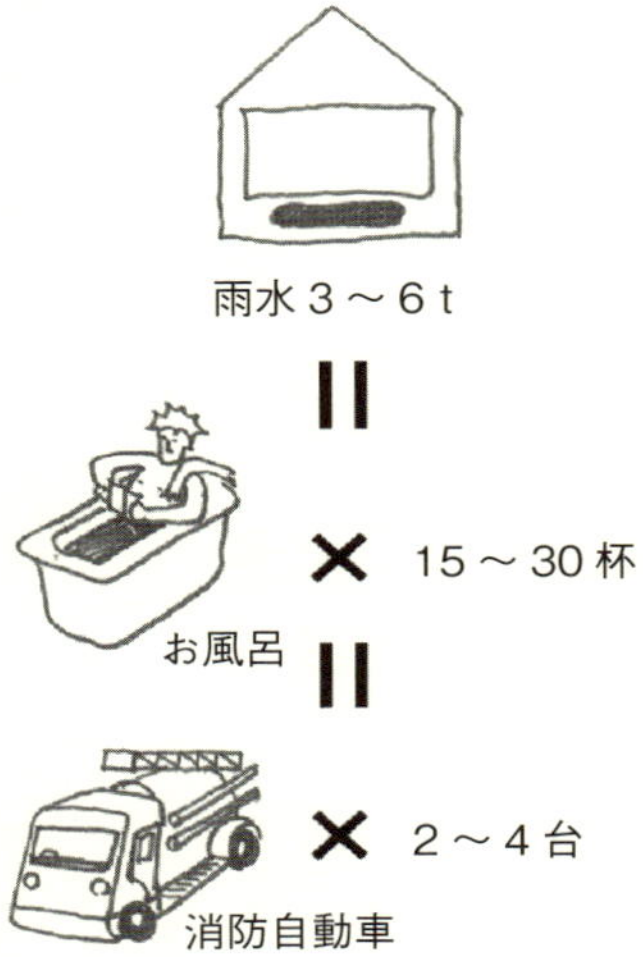

しかし、現在では、ＧＩＳ機能（地理情報システム）や、時々刻々の小エリアごとの気象データを提供するオンライン総合気象情報サービス（ＭＩＣＯＳ）が整備されている。こうした情報をインターネットで受け取り、各戸でいつ溜め、いつ排水するかの適切な制御を行う仕組みを、私は検討中である。

世界には、1日に最低必要とされている2リットルの水の確保に苦労している地域が少なくない。非常時の生活用水や防火用水になる雨水の未活用は、宝物のような身近な資源をみすみす水に流してしまっているのと同じで、本当にもったいない。

◆食菜浄化システムで飲料水を供給

食菜浄化システムによって飲料水も得られる。その量は、一般家庭では1日100リットル程度である。雨デモ風デモハウスではカフェを併設していたので、1日の客数を平均15人と想定して、厨房の排水量300ℓに対応する浄化能力を備えた。

自然の力でゆっくりろ過された水は、非常に美味しい。きちんと管理すれば、薬品(小さな汚れを除くためのポリ塩化アルミニウムや、消毒のために入れる次亜塩素酸ナトリウムなど)を使った通常の浄水場で行われる急速ろ過に比べても、上質の水をつくりだすことができる。

一人1日2リットルの水があれば生きていけることを考えると、1日100リットルは50人分の飲料水に匹敵する。したがって、エクセルギーハウスの居住者だけでなく、周辺住民の飲料水も十分に確保できる。しかも、交流の100Vの電気を使用しないでも得られるから、仮に電力供給がストップしても飲料水を確保できる。東日本大震災後の計画停電では、断水した世帯が東京都だけで8920世帯もあった(厚生労働省調べ)。これは、高層住宅などで水を電力でポンプアップしているケースが多いからである。

雨水を生活用水として使い、食菜浄化で飲料水をつくりだす。自然の力だけで、電力は使わない。こうしたシステムが集合住宅や高齢者施設、学校などにあると、とても安心だ。非常時には、まさに生命線を担う仕組みである。

◆停電時や夜間も安心して生活できる

エクセルギーハウスでは、電力供給がストップしても、300Wの太陽パネルによって冷暖房、給湯、排水浄化のシステムが動く。夜間は75AHのバッテリーに溜めて利用する。太陽熱で温めた雨水で、入浴もできる。

東日本大震災発生後に宮城県名取市や気仙沼市の避難所や岩手県住田《すみた》町の仮設住宅などで太陽熱温水器が設置され、たいへん重宝された。ライフラインが止まったときこそ、自然の力が発揮されるのである。

河原邸（114〜117ページ）では、外灯も太陽電池とLED照明の組み合わせだ。夜に人が通るときだけ人感センサーが感知し、自動的に点灯する。この仕組みも大きなバッテリーを必要とせず、容易に導入できる。これらを組み合わせていけば、仮にオフグリッドでも、安全で非常時に強い暮らしが実現する。

第5章　エクセルギーハウスの上手な建て方

1 エクセルギーハウスが生まれるまで

◆原型は「涼の家」

エクセルギー技術を建築へ応用する研究が始まって、約15年になる。私は1998年にエクセルギー研究の第一人者である宿谷昌則先生を訪ね、そのときに現在は東海大学准教授の高橋達先生を紹介していただいた。高橋先生は当時大学院生だったが、落ち着いて、一つひとつ丁寧にお話をされる方で、環境への思いが共鳴したことを思い出す。以後ずっと私はお二人に教えられ、育てていただいている。システムの改良や実験装置の工夫など、打ち合わせは楽しいものだった。感謝の気持ちでいっぱいである。

「涼の家」で採用した和風の趣のある天井冷放射パネル

ここでの研究を取り入れて1999年に完成したのが小金井市の「涼の家小金井」で、これがエクセルギーハウスの原型だ。ここでは、天井冷放射パネルだけを導入した。太陽熱温水暖房の仕組みなどはまだ開発されていない。その後、数年間かけて、多くの場所で、室温、床や壁や天井の表面の温度、湿度、風速を実測し、それに基づいてエクセルギー解析を行っていく。あわせて、居住者や被験者の体感も比較分析して、この仕組みの実用化に目処がたった。

涼の家と前後して、文部科学省の科学研究費助成事業の「若手研究」の助成（２００４年度と２００５年度）を受け、福岡市と立川市（東京都）に実験棟を建て、高橋先生のもとで実証実験を重ねていく。そこで詳細な検証を重ね、２００６年の「涼の家吉祥寺」（東京都武蔵野市）を経て、２００７年のエクセルギーハウス横浜（横浜市）の誕生に至るのである（表８）。

◆市民主導で広がる、進化する家

エクセルギーハウスは、多くの方に育てていただいてきた。研究者、施工に携わる工務店の方々、行政関係者、そして住まい手のみなさんである。

一般の住宅メーカーと異なり、エクセルギーハウスでは広告は行っていない。建築希望者のほとんどは、私のブログ（http://architecta.blog64.fc2.com/「地球の棲まい手になる」）を通じて興味をもち、直接連絡をくださる。さらに、情報を発信する住まい手のみなさんのブログを通して、次の住まい手が生まれていく。それらのブログを紹介しておこう。

http://exergykawagoe.blog105.fc2.com/　エクセルギーハウス川越
http://exergy480.blog99.fc2.com/　エクセルギーハウス多摩
http://retreat09.blog67.fc2.com/　エクセルギーハウス大室山
http://exhouse.blog69.fc2.com/blog-category-4.html　エクセルギーハウス府中

表８　竣工したエクセルギーハウス（実験棟を含む）

名　　称	所 在 地	規　模（延べ床面積）	竣工年月	冷房	暖房	給湯
涼の家小金井	東京都小金井市	木造平屋建て 133㎡	1999 年 12 月	○		
九州実験棟	福岡県福岡市東区（福岡工業大学敷地内）	木造平屋建て 7㎡	2004 年 9 月	○		
立川実験棟	東京都立川市	木造平屋建て 7㎡	2005 年 5 月	○		
涼の家吉祥寺	東京都武蔵野市	木造２階建て 148㎡	2006 年 2 月	○		
エクセルギーハウス横浜	神奈川県横浜市都筑区	木造２階建て 98㎡	2007 年 11 月	○	○	○
エクセルギーハウス我孫子	千葉県我孫子市	木造２階建て 95㎡	2009 年 2 月	○	○	○
エクセルギーハウス伊豆	静岡県伊東市	木造２階建て 109㎡	2009 年 3 月		○	○
有機農業技術支援センター	栃木県河内郡上三川町	木造２階建て 191㎡	2009 年 5 月	○	△ 堆肥	
エクセルギーハウス川越	埼玉県川越市	木造２階建て 120㎡	2009 年 6 月	○	○	○
エクセルギーハウス多摩	東京都多摩市	木造２階建て 118㎡	2010 年 6 月	○	○	
エクセルギーハウス大室山	静岡県伊東市	木造２階建て 141㎡	2010 年 7 月	○	○	
エクセルギーハウス吉祥寺	東京都武蔵野市	木造２階建て 148㎡	2010 年 7 月	○	○	○
エクセルギーハウス府中	東京都府中市	木造２階建て 159㎡	2011 年 1 月	○	○	○
雨デモ風デモハウス（現・環境学習館）	東京都小金井市	木造２階建て 121㎡	2011 年 9 月	○	○	○
エクセルギーハウス鎌ケ谷	千葉県鎌ケ谷市	木造２階建て 170㎡	2013 年 1 月	○	○	○
エクセルギーリフォーム大田原	栃木県大田原市	木造２階建て 62.5㎡（143㎡）	2013 年 12 月		○	○

（注 1）○は、採用しているエクセルギーシステム、△は堆肥熱暖房である。
（注 2）エクセルギーリフォーム大田原は、62.5㎡が改修部分。

エクセルギーハウスは、大人数に向けたマス広告ではなく、ＳＮＳ(ソーシャル・ネットワーク・システム)によるつながりと共感によって広がっていくのである。ゆっくり拡散するという意味で、「いとなみの作法」らしい広がり方と言える。

実は、「エクセルギーハウス」という名前も住まい手によってつけられた。天井冷放射システムと太陽熱温水暖房の双方を初めて取り入れた、横浜市の中村亮太さんによるものだ。私が実現したいと思っていた仕組みをほとんど導入させていただき、その技術を理解し、「それはまさにエクセルギーハウスだ」と命名してくださった。住まい手による命名というのは珍しいだろう。

２０１３年末までに竣工しているエクセルギーハウスは、表8にあげた12棟だ。数が少ないと感じる読者が少なくないと思われる。しかし、２００９年から２０１１年までの３年間、小さな設計事務所としては、猛スピードで建ててきたつもりである。

当初は、10棟を一区切りと考えていた。以後は情報発信を最小限にとどめ、共通部品の量産体制を確立するためである。だから、その後の2年間の竣工は2棟にすぎない。

それでも、あまり情報発信していないにもかかわらず、依頼が増えている。２０１４年2月現在、工事中が3棟、計画中が5棟だ。工事中はエクセルギーリフォーム荻窪(東京都杉並区)、エクセルギーリフォーム善福寺(東京都杉並区)、エクセルギーリフォーム三鷹(東京都三鷹市)、計画中は田んぼインスティチュート(宮城県大崎市)、エクセルギーハウス結城《ゆうき》(茨城県結城市)、エクセルギーハウス練馬(東京都練馬区)、エクセルギーハウス多摩2(東京都多摩市)、与那国島民家(沖縄県与那国町)である。さらに、相談も増えている。最近では、地域ごとに、さまざまな専門家の知恵をいただきながら、住まい手とつくり手と私たちのかかわり方がわかってきた。

エクセルギーハウスは、いまも進化している。建築は人のいとなみのためにあり、建築過程自体がいとなみの一部である。だから、現場でなければわからないことが多い。それゆえ、自らの環境を変えることによってライフスタイルを変えようとする住まい手のいとなみに加わりながら計画と工事が進められ、多様ないとなみに適応できる技術が日々生まれる。また、2〜3トンの雨水タンクの容量を防災対策を考慮して6トンにするなど、住まい手の声を聞き、現場で改良していく。それがエクセルギーハウスの進化を支えている。

2　エクセルギーハウスを建てるために

◆敷地と地域の制限はありますか?

敷地については、ほとんど制限はない。狭小地であっても、かまわない。ただし、第1章で紹介した普及版のエクセルギーハウスは太陽熱を用いるので、周囲に高層ビル街の谷間だけは適さない。それ以外は、住宅に囲まれていても問題はない。

地域については説明が必要になる。太陽熱温水暖房を取り入れるには、東京以南で、冬の晴天率が50%以上の地域が向いている。雨水冷房を取り入れるには夏の月降水量が100㎜以上の地域が向いている。

ただし、身近なエクセルギーは東京以北にもたくさんある。たとえば、栃木県上三川町《かみのかわ》の有機農業技術支援センターでは、「堆肥熱暖房」という手法を使っている（152ページ参照）。これは、農作物の栽培に必要な堆肥の製造過程で発生する熱を利用した暖房である。東北地方や北海道であっても、農業や畜産を営んでいれば、堆肥の熱が利用できる。また、雪を利用した冷房も福島県南会津町で導入した（151ページ参照）。亜熱帯の事例は第6章2で詳しく紹介する。

ところで、テレビで見たのだが、ブータンでは家屋の床下で牛を飼う家があるという。そこで、試算をしてみた。牛1頭は人間10人分に該当する約1kWの発熱量があり、これは市販のパネルヒーター程度の熱量に匹敵する。牛が1日中床下にいるとすれば、ヒーターが1日中稼働する程度の熱量になる。だから、牛を床下に2～3頭飼えば、室内の暖かさを確保できる。これもまた、身近な資源性（エクセルギー）の利用である。

日本でも、床下に牛を飼うエクセルギーハウスの準備を栃木県大田原市の有志たちと進めている。臭いは、抗カビを意味する「Anti-muffa（アンチ・ムッファ）」という学名の乳酸菌を加えた穀類などで作る飼料によって解決できることがすでに知られている。

このように、身近な資源性を活用するエクセルギーハウスは、各地域のいとなみにあったタイプが開発できる。エクセルギーハウスは、住まい手のいとなみとともにあり、住まい手と一緒につくりあげる家である。身近なエクセルギーを一緒に探してくれる人と建てていきたい。

◆予算はどれくらいが目安ですか？

予算については、2段階で考えるとよい。エクセルギーハウスでは、初めにしっかりした建物の体質を

図50　A邸とB邸の平面形と間取りの比較

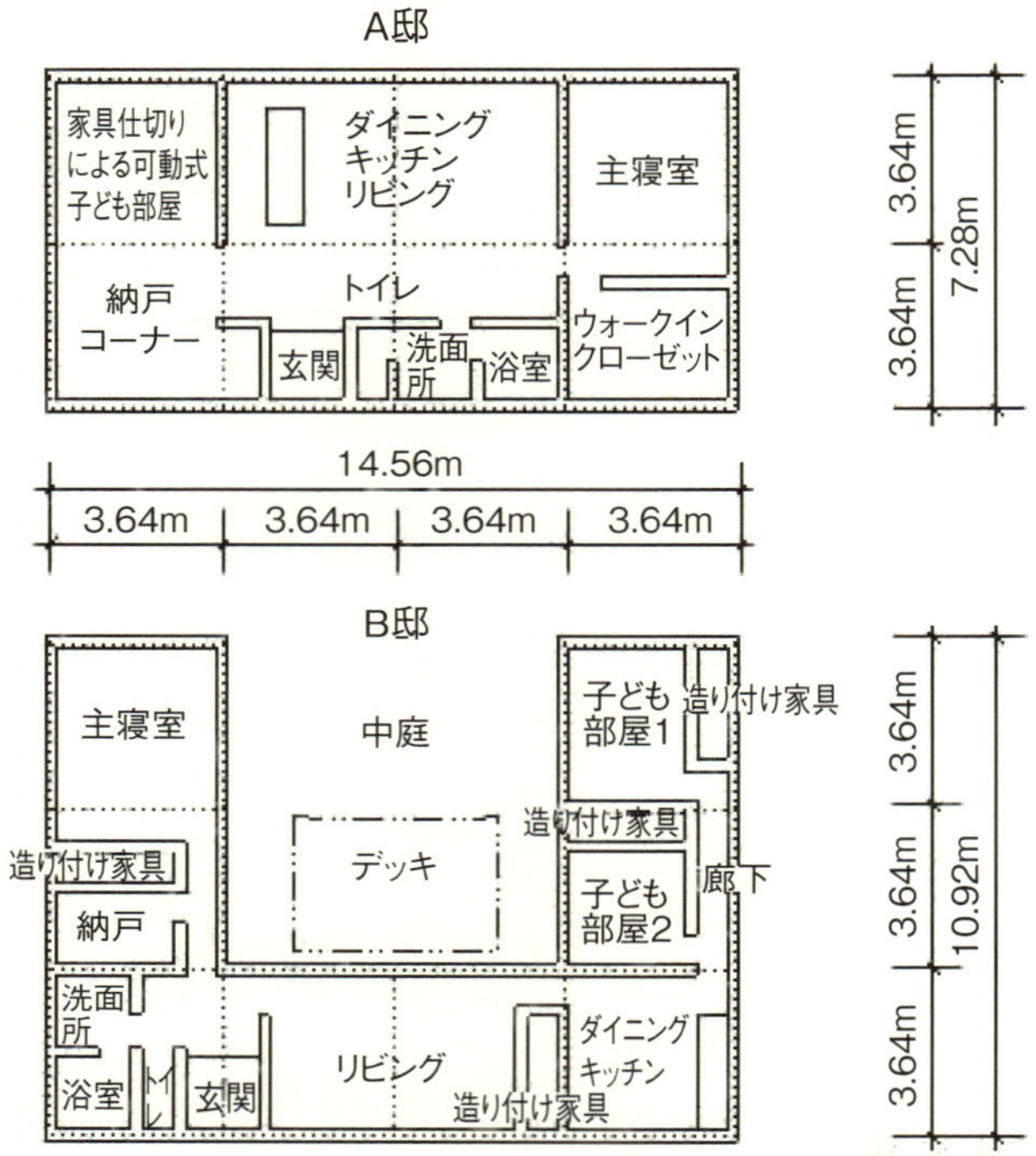

築き、それにエクセルギーの設備を加えていくからだ。

①建物の基本的体質を築く費用

ここでいう体質は、遮熱、断熱、排熱、排湿、蓄熱、蓄湿、通風、空気浄化を意味する。これは、木造であれ、鉄筋コンクリート造り（RC構造）や鉄骨造りであれ、変わりはない。

具体的な費用を断熱を例に示してみよう。

図50を見てほしい。Aさんは、長方形の平面型の家に住もうとしている。Bさんは、以前の家と同様に中庭囲み型（コートハウス型）の家に住もうとしている。A邸とB邸はどちらも平屋で、建築延べ床面積は同じ32坪（106㎡）としよう（いずれも、3・64メートル（2間）×3・64メートルの正方形が8つ。ただし、見た目の印象ではB邸のほうが大きく感じる）。

ところが、家の外壁の長さも外壁面積（窓も含む）もかなり異なる。B邸は65・52メートルで、A邸の43・68メートルの1・5倍になり、外壁面積も1・5倍大きい。これは、B邸のほうが外壁から熱

を１・５倍も逃しやすいことを意味する。表面積の大きい浅い皿に入れた湯が冷めやすい現象から、この違いが理解できるだろう

断熱材についても、Ｂ邸はＡ邸に比べて１・５倍の量が必要になる。しかし、Ａ邸の断熱材と同じ性能であれば、熱が逃げる量は１・５倍のままだ。熱が逃げる量をＡ邸と同じにするためには、断熱材の性能を１・５倍上げなければならない。したがって、２・25倍（１・５×１・５＝２・25）の断熱材費用を外壁部分にかけなければ、Ａ邸と同じ断熱性能が得られない。言い換えれば、Ｂ邸に合った体質にならない。

普及版の新築エクセルギーハウスがしっかりした体質を備えるためには、東京近郊で坪あたり少なくとも60万円の建築費用がかかる。これまで手がけた12棟（表８）では、約60万円から90万円台まで、間取りによって相当な差があった。なお、この金額には、地盤補強、道路からの設備の引き込み、ガス配管工事、庭や塀、内装のカーテンや家具、備品、事務手続き、税金などは含まれない。

Ａ邸の間取りは開放的で、１ＬＤＫに近い。造り付けの家具はほとんどなく、代わりにウォークインクローゼットや納戸コーナーを設ける。これに適するしっかりした体質を備えた建物は、坪約60万円で可能だ（表９）。

Ｂ邸では小さな部屋がたくさんあり、それぞれに窓を開け、造り付け家具を設置するとしよう。すると、特別なぜいたくをしなくても、坪単価は約85万円になる。断熱費用だけでなく、足場、基礎、構造壁、外部建具、内部建具、外壁仕上げ、内装仕上げ、家具などのボリュームがＡ邸に比べ多いうえに、屋根がコの字型になっているため、追加部品や手間が必要になるからである。

一般的には、さらにいくつかの施主の希望が加わる。たとえば、屋外にデッキを造りたい（約50万円）、

表9　しっかりした体質の建築にするために必要な建設費の比較

A邸

工事内訳	金額（万円）
仮設・足場工事・瑕疵担保費用	53
基礎・土工事	190
木工事	580
断熱工事	
壁部分	68
その他の部分	55
屋根・板金工事	103
外部建具工事	114
内部建具工事	35
外装工事	172
内装・雑・廃材処理工事	195
家具工事	23
設備工事	200
電気工事	128
建設費	1916
坪単価	59.9

B邸

工事内訳	金額（万円）
仮設・足場工事・瑕疵担保費用	65
基礎・土工事	246
木工事	690
断熱工事	
壁部分	103
その他の部分	55
屋根・板金工事	125
外部建具工事	195
内部建具工事	110
外装工事	260
内装・雑・廃材処理工事	315
家具工事	190
設備工事	215
電気工事	161
建設費	2730
坪単価	85.3

（注）実際には、敷地の形状、地質、道路付け（敷地と道路の接し方）、資材運び込みの容易さなどによって異なる。

浴室をユニットバスではなく手作りのタイル貼りにしたい（ユニットバスは約50万円、手作りのタイル貼りは100万円以上）、キッチンセットをグレードアップしたい（通常なら約50万円、凝ったシステムキッチンなら大幅に上がり、500万円を超える場合も）……。こうした要望に応じていけば、あっという間に坪単価は90万円を超える。

ライフスタイル、家族関係、趣味、美意識などは、施主によって大きく異なる。だから、建物の基本的体質を築く部分において、相当な差が出てくる。

②設備費用と補助金

エクセルギー設備費用（食菜浄化費用を除く）は、50坪まで（各階の床面積の合計）で250万～450万円である。一般的な家に比べれば、たしかに高い。しかし、本来の経済性や環境面の意味と価値を考えれば、妥当と言えるはずだ。

金額の差は、①暖房と浴室への給湯、②冷暖房と浴室への給湯、③冷暖房と浴室・厨房への給湯、④冷暖房と浴室・厨房への給湯、洗面所など2カ所の室温給湯、などによる。なお、ここで言う室温給湯とは、室温の熱を吸収して水道水を約20℃まで加温して給湯するシステムを指す。

また、エクセルギーハウスは2012年度から、経済産業省の「ネット・ゼロ・エネルギー・ハウス支援事業」に認定されているので、補助金が申請できる。この事業は、2030年の住宅ゼロ・エネルギー化を目指すべく、高断熱性能、高性能設備と制御機器などを組み合わせ、一次エネルギー消費量が正味(ネット)で概ねゼロとなる住宅を導入する者に補助金を交付し、その活動を支援するという主旨である。

太陽熱温水暖房と雨水冷房からなるエクセルギーハウスは、この事業の「プラス・ワン・システム」に認定されている。一次エネルギー使用量が標準的な住宅の3分の1であることが実証されており、太陽電池パネルなどをプラスすればゼロにできるからである。プラス・ワン・システムは、省エネルギーに資する自然エネルギーなどを取り入れ、制御機構も備えて先進性があると国が認めた設計手法を指す。

申請手続きには非常に手間のかかる計算を含むため、私が代表のエクセルギー一級建築事務所(旧アルキテクタ一級建築士事務所)が行う。補助金額は、しっかりした建物の体質を築く部分と、エクセルギー設備部分の合計で、最大350万円(14年3月時点)。これまで申請した2件は、いずれも満額が認められた。

建設費用の削減にも、住まい手のアイデアを加えている。たとえば、セルフビルドの一部導入、住まい手のいとなみによってローコストで入手できる素材の活用などである。後者については、大崎市の田んぼインスティチュートのような農業関連施設では、断熱材に藁やもみ殻を使用する計画を進めている。田んぼインスティチュートは、岩渕成紀氏が代表を務めるＮＰＯたんぼが中心となった。現在は使われていない木造の旧村役場を活用した田んぼの国際的研究機関だ。戸主が農業関連の仕事をされている東京都町田市の既存住宅の改造にも、同様の素材の使用を検討中である。

設計料については、一律としている。それは、できるだけ地域の気候や風土の特性を読みこんで、施主や地域の設計事務所と連携した設計を前提にして進めていくために、誰もが明快に理解できるようにしたいと考えているからだ。

設計料率は当面12％としている。設計料は技術料と人件費からなり、設計事務所ごとに異なる。建物が小規模で、計画が複雑なほど、高くなる傾向がある。また、間取り図を書くだけ、工事監理まで含むなど、業務範囲によっても変わる。数％から20％程度まで、さまざまである。

表10　エクセルギーハウスの最低建築費用（東京近郊、40坪）

建物の基本的体質費用	2400万円
エクセルギー設備費用	250万円
設計料	318万円
合　計	2968万円

（注）2014年3月現在。社会状況や設備価格などによって変動する。

これらを合計した最低建築費用を表10に示した。これに、食菜浄化に関する費用が希望に応じて加わっていく。

③食菜浄化費用

車庫、別棟の建物、テラスや家庭菜園など、庭や家のまわりの利用方法は多様である。したがって、金額の標準化はきわめて難しい。

そもそも、食菜浄化水路については、地域防災の観点からさまざまな視点で検討が始まりだした段階だ。たとえば、非常の際には、エクセルギーハウスの床下に溜めた2~3ｔの雨水をキッチンなどで使用後に浄化し、再利用する。また、近隣に河川があれば、そこから水を引いて浄化できる。とはいえ、食菜浄化水路に何を期待するのか、何ができるのか、まだ整理ができていない。さまざまな注文を住まい手からいただいて、これから検討していきたい。

そこで現時点では、キッチンで使用後の排水を水路に導いて浄化し、洗いものに再利用することに限定して、費用を想定している。作動は太陽電池で行い、非常時も流入水さえあれば利用できる。水路は、プラスチックで造られる簡易型エクセルギー・ビオトープ２００Ｌ（一日の浄化能力２００リットル）のシステムを進化させる。

このシステムは、前処理槽、池、水路、処理槽、貯留槽、ポンプ、配管・バルブ類、水道補給装置、制御盤、太陽電池・バッテリーから構成される。池の土は庭土を利用し、池に入れるマコモやクレソンなどは住まい手が植えることを想定している。材料費は約50万円である。なお、関東地方以南であれば、山間部を除いて、凍結防止対策は不要と考えてよい。

工事費用は、流しや水道との接続、水を自然勾配で流すための微妙な高低差などの考慮事項が多くあるので、一律ではない。最低でも15万円はかかるだろう。工事への住まい手の参加も考えられる。

◆リフォーム（リノベーション）でも取り入れられますか？

戸建住宅をリフォーム（リノベーション）する際にも、エクセルギー設備は取り入れられる。その際、建

図51　リフォームの事例(栃木県大田原市)

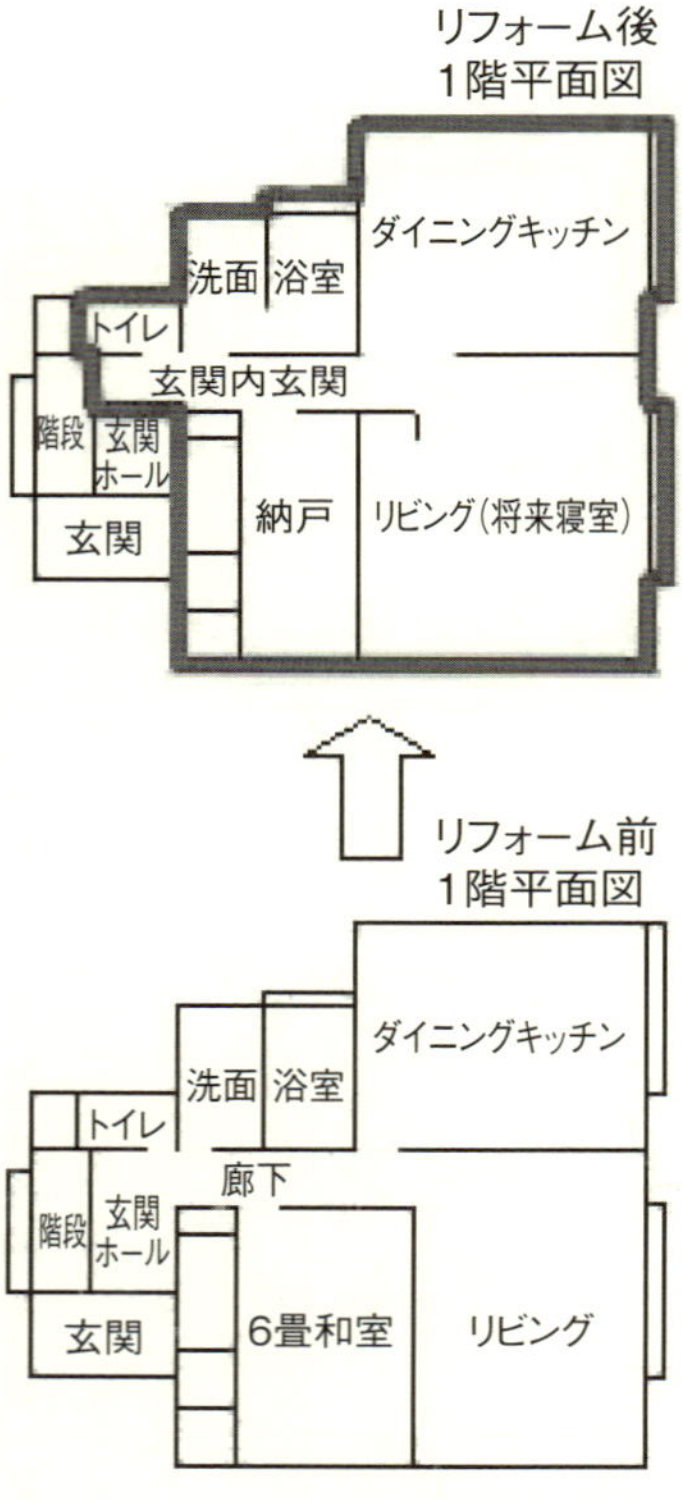

(注)リフォーム部分を太線で囲って示す。

物全体というよりも、お気に入りの空間や変えたい空間の選択をおすすめしている。

たとえば、子どもたちが成長して独立したり、まもなく独立して、夫婦や少人数の家族で住む場合は、キッチン・食堂、リビング、寝室、浴室、トイレといった使用頻度の高いところに導入する。子ども部屋や収納部分などには手をつけない。こうした「減築」(増築の反対で、家を小さくする)の考え方でリフォームするので、改修費用が抑えられる。具体的事例をエクセルギーリフォーム大田原で見てみよう(図51)。

既存の建物は、2階建て、延べ床面積143㎡である。そのうち、リフォームしたのは半分以下の62㎡だ。1階の大部分にエクセルギー設備を導入して、遮熱、断熱、排熱、排湿、蓄熱、蓄湿、通風、空気浄化を改善するとともに、耐震化工事を行った。現在は、夫婦と独立前の長男の3人暮らしだが、将来夫婦ふたりで暮らすエリアに限定したリフォームである。2階は、まったく手をつけていない。

1階のリビングを少し広げて、将来寝室と兼用できるようにした。現在は書斎としても利用している。玄関を上がったところにペアガラスの入った断熱扉を設けた。そこが、いわば「玄関内玄関」になっている。その奥がリフォームしたエリアである。6畳和室は、用途の可変が容易な納戸にした。住まい手と一緒になって考えると、リフォームが必要な空間は建物の一部であることがわかる。

リフォームは、田んぼインスティチュートのような多くの人びとが利用する施設でも検討している。たとえば、敷地にふんだんな地下水が湧いている熊本市の診療所では、その水を使った冷房を検討している。今後は、各施設に関わる日常的ないとなみを活かした資材や資源を用いるリフォームプランが広がるだろう。

◆集合住宅でも可能ですか？

鉄筋コンクリート造りのマンションやアパートなど集合住宅へのエクセルギー設備の導入は、物理的には簡単である。木造に比べて蓄熱性がよく、暖かさや涼しさを保つ能力が高いので、良好な温熱環境をつくりやすい。屋根も大きいので、雨水をたくさん集められる。各戸のバルコニーの手すりには、太陽熱温水器が取り付けられる。エクセルギーマンションやエクセルギーアパートの新築も、もちろん可能である。

しかし、既存の鉄筋コンクリート造りの集合住宅に実際にエクセルギー設備を導入するには、さまざまな問題がある。そのひとつが区分所有による制限だ。たとえば、屋根についている雨樋から雨水を取水しようとしても、屋根や雨樋は共用部分に該当するから、「共用部分を個人的に使用してはならない」という規則によって、ほぼ利用できない。

元来、集合住宅は、「隣近所とあまり関わりをもたずに暮らしたい」という要望にこたえる仕組みとして発展してきた。したがって、共用部分を居住者のために有効に使う、隣近所とのコミュニケーションを豊かにするといった、共同のメリットは排除されている。そうした発想が、エクセルギー設備を導入しようとする際の障害となる。

逆に、共同のメリットを追求する集合住宅を時代の要請に合わせて計画すれば、そのメリットは大きい。最近人気のシェアハウスのように、雨水も太陽熱もシェアすればいいのである。実際、各戸に雨水タンクを設け、畑が併設されたエコアパート（東京足立区に２００７年11月に完成した「花園荘」）や、バイク愛好者のための専用ガレージ付きアパート（東京都目黒区に２０１０年10月に完成した「モトラッド目黒」）といった、共通の趣味を楽しめる集合住宅をつくりだす試みが始まっている。

たとえば、集合住宅の広い屋上や駐車場の屋根の一部に雨水タンクや太陽光パネル、太陽熱温水器を載せ、屋上菜園や周辺の畑で野菜を収穫できるようにし、さらに可能であれば食菜浄化水路を設けたら、どうだろう。非常用の水の確保や洪水の一定程度の抑制に加えて、暮らしにうるおいをもたらすメリットが大きい。

また、集合住宅には、１戸建て建物の周囲面に当たる床、壁、天井が、隣接や上下の住戸の周囲面を兼ねているという特色がある、壁は隣接する住戸の壁でもあり、床は下階の住戸の天井であり、天井は上階の住戸の床である。したがって、集合住宅は、温熱的に相乗効果を上げやすいという傾向がある。とくにコンクリート造りの集合住宅では、床と壁と天井もコンクリートでできているケースが多い。コンクリートは木材の約2倍の熱を溜める能力（熱容量）をもっている。しがたって、隣の家の温熱環境の影響をお互いに受け合い、冷暖房に使用するエネルギーが少なくてすむ。

図 52　戸建て住宅のエネルギー消費量

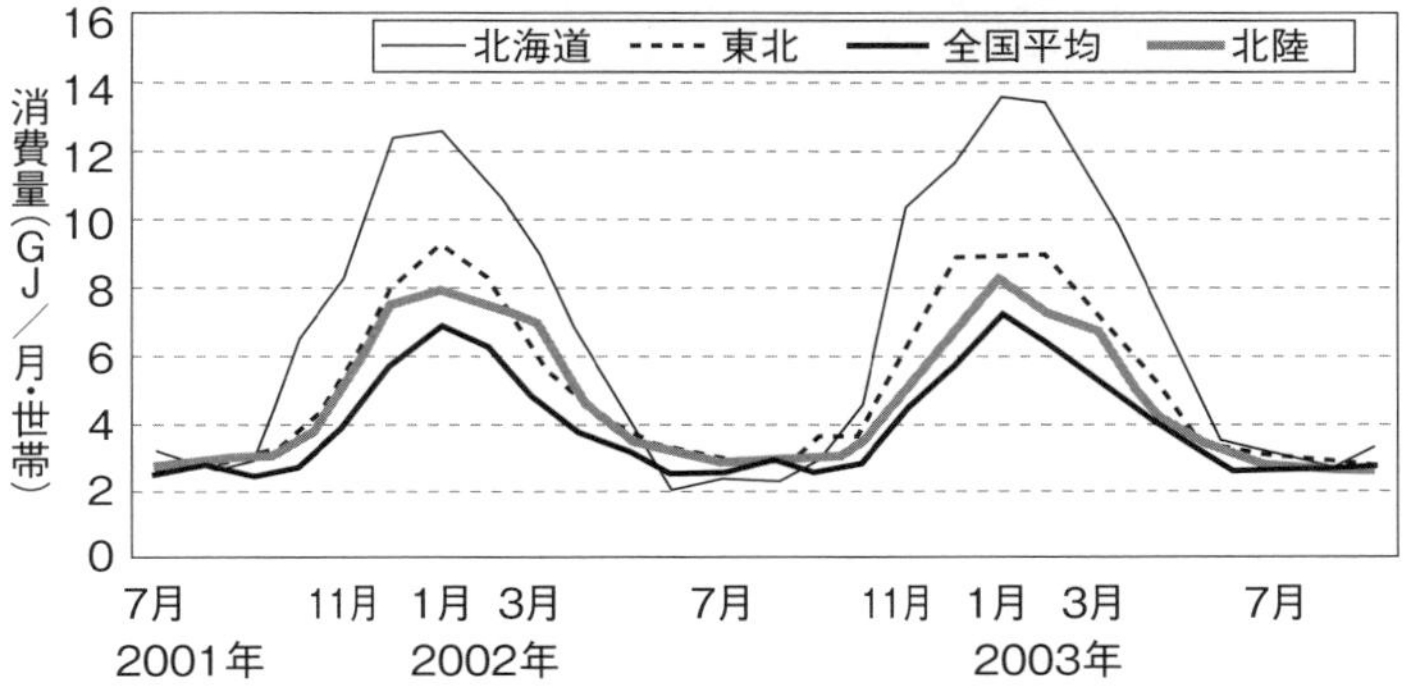

図 53　集合住宅のエネルギー消費量

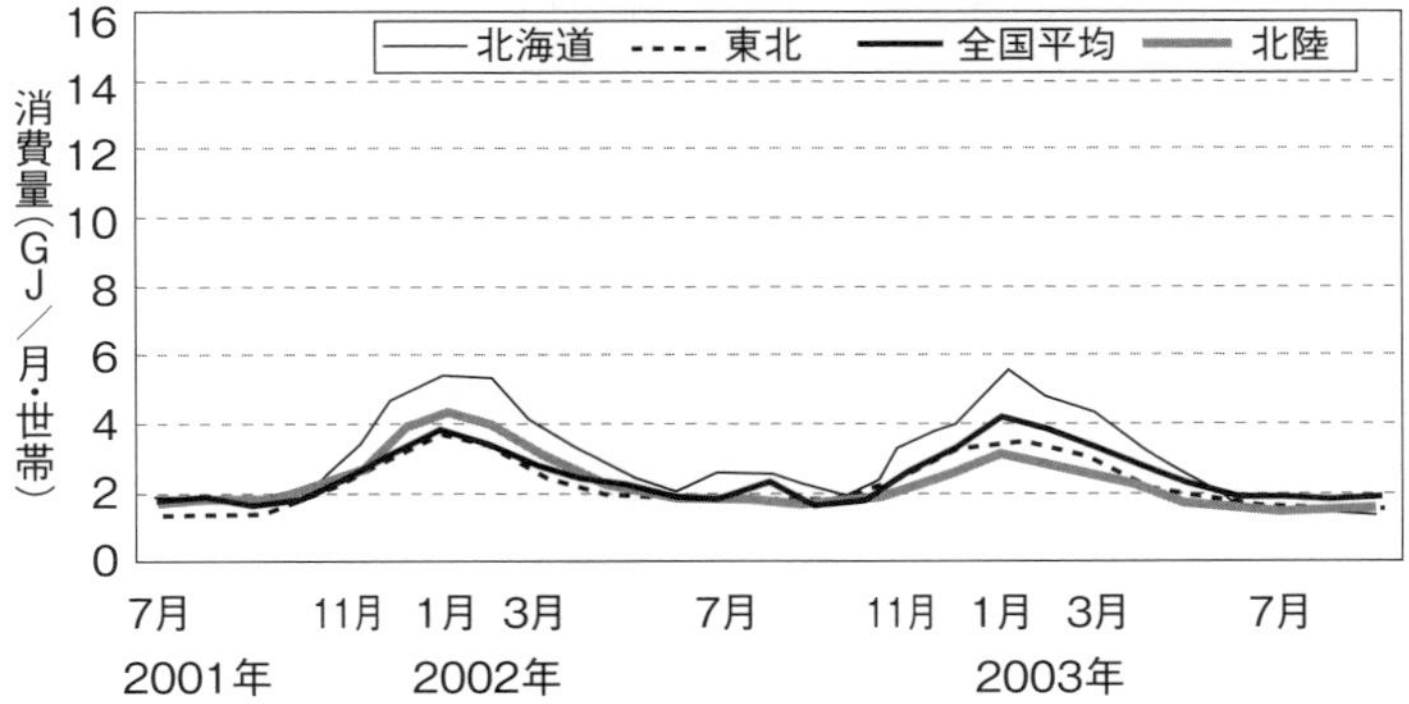

(出典) 井上隆「全国規模アンケートによる住宅内エネルギー消費の実態調査：その4 冷暖房エネルギー消費量に関する検討」『2004 年度大会(北海道)学術講演梗概集』日本建築学会、2004 年。

　東京理科大学の井上隆教授のデータによると、集合住宅の冬のエネルギー消費量は戸建て住宅の約3分の2である。なかでも、北海道や東北は半分以下にすぎない。夏も集合住宅のほうが少ない。そして、変動も小さい(図52・53)。したがって、エクセルギーハウスの仕組みをコンクリート構造の集合住宅に導入すれば、戸建ての木造住宅に比べて温熱効果を容易に高められる。

　なお、集合住宅の暖房用エネルギー消費量は、中間階が最上階の、両側に住戸がある場合が端部の、それぞれ3分の2程度である。

◆エクセルギー・ビオトープだけを設置できますか？

庭、車庫、畑など家の周囲に、食菜浄化システムなどのエクセルギー・ビオトープだけを設けたいという依頼が、ときどきある。もちろん可能だ。

排水浄化水路には、いろいろなタイプがある。基本形はコンクリートを用い、水が漏れないように池の底に樹脂で膜をつくり、周辺を草や木や石などで造園的に演出する。これは、かなり高価になる。

一方、左の写真は、エクセルギーハウス川越に導入した、雨樋に用いる金属芯の入ったプラスチック材料を転用した簡易版ある。プラスチックの樋に砂や石を入れて、その上に有機農法の田んぼの畦の土を入れた。そして、典型的な水田雑草であるコナギ、オモダカ、マツバイ、セリや、マコモダケ、クレソン、ミントなどを植える。セリ、マコモダケ、クレソン、ミントは当然、食べられる。

エクセルギーハウス川越に
導入した簡易版排水浄化水路

また、沢の水を利用するために浄化したいという場合は、微生物と砂で水をろ過する緩速ろ過に重点を置く方式がよい。沢から引いてきた水を砂層に緩

協同村に設けられた沢水の緩速ろ過装置

慢な速度(1日3~6m)で通過させ、表面と砂層に増殖した微生物群によって水中の浮遊物質や溶解物質を捕捉し、酸化分解させる。塩素などの薬品を使わないので、水質と味がよい。

動力は一切使わず、落差だけで水を流し、微生物が生息できる流速を落差によって調整している。先端からは少しずつしか水が落ちてこないが、1日にすれば300リットルの飲み水が得られる。東京都あきる野市にある生活クラブ生協の協同村ひだまりファームでは、沢の水をこの方法でろ過している。

第二次世界大戦前の日本では、飲料水の浄化はほとんど緩速ろ過だったが、現在は薬品を用いた急速ろ過が一般的である。緩速ろ過は、給水量の4%を占めるにすぎない(『水道統計「平成22年度」』日本水道協会)。

現行の水道システムを否定するわけではないが、大量の水を広い範囲に供給し、そして排水する仕組みは、大量の電力と化学薬品が不可欠であるだけでなく、大災害の際に一斉に供給が止まるというリスクをかかえる。家庭の排水を庭で自然の力だけで浄化し、飲み水に変える試みは、大きなネットワークに頼らずに暮らしていくためのパラダイムシフトと言えるかもしれない。

3　地域に根ざした施工技術者とともに広げる

エクセルギーハウスは、シンプルな技術の集合で成り立っている。それらは、各国で共通して利用できる。太陽熱温水器、雨水タンク、配管などのオリジナル標準部品を除けば、地域で生産し、地域で修理できるように工夫していきたい。

もちろん、施工技術者も最初は勉強しなければならない。読者にはおわかりいただけていると思うが、常識を見直すためには、強い意思が要求される。ただし、それほど難しいことではない。本当に地球の住まい手になることに共感し、邁進できればよいのだ。

残念ながら、現在の建築業界では、職人、現場監督、部品納入者などの施工技術者を大切にしない傾向がある。とはいえ、エクセルギーハウスに関心をもたれる方が、地域に根ざし、地球の住まい手になることに共感していただける工務店や建設会社との出会いを少しずつ、つくってくださるようになってきた。彼らは、地域の風土をしっかり読み込み、さまざまな知恵を建物に組み込み、広い視野と聞く耳をもっている。お会いして話をすると、一緒に仕事をしたいと思う。今後はこうした地域の施工技術者とともに、地域に則したエクセルギーハウスをつくっていきたい。

当面は、私が直接会って話し、施工技術者を厳選するというルールを設けている。エクセルギーハウスの価値と意味を理解する仲間とじっくり広げてくのが、私の方針である。読者のみなさんにも、そういう施工技術者をぜひ、ご紹介いただきたい。

第6章　エクセルギーを暮らしと地域に活かす

1　エクセルギーライフのすすめ

◆3つの重要な私たちのいとなみ

自然のいとなみ、生きもののいとなみ、私たちのいとなみの力を活かすエクセルギーライフとは、どんな暮らしなのだろう。ここでは、私たちのいとなみの力を活かした暮らし方に焦点を当ててみよう。私たちのいとなみで重要なものは、次の3つに整理できる。

第一は、私たちが生きるために不可欠な息をする、排泄する、五感で感じるといった生理現象である。これらは日常的にはほとんど意識しないが、重要である。たとえば、呼吸や排出を意識するようになると呼吸法やデトックス（毒物の排出）が改善され、日常の姿勢に意識を集中させると整体やヨガに励むようになる。こうした基本的ないとなみの力によって、直接あるいは間接に、精神的・身体的な健康に役立っていく。その結果、薬やサプリメントや調味料に頼る割合が減り、それらを生産するための資源とエネルギーの使用量が減る。これがエクセルギーライフの実践である。

第二は、文明が誕生する際に人間だからこそ身につけられたいとなみである。火をおこす、ナイフを使う、塩を作る、木を組むといった他の生きものではできないことを身につけて、私たちは文明を進化させてきた。これらを見直して、「自分でできることは自分でやってみる」という動きをつくりだすことも、エクセルギーライフの実践である。自分でやってみる、あるいはものごとの仕組みを知ることで、必要以上に機械や自動制御に頼らなくなり、動力として用いていたエネルギー使用量を減少できる。さらに、自分でやってみた結果、それをなりわいにしようと思う人びとが現れるだろう。近年の農業や林業に従事する若者の増加は、この流れかもしれない。

第三は、社会が形成され、社会の中で自分がどう役立つのかを意識するようになってから誕生したいとなみ、つまり仕事である。これはもともと「なりわい」と言われてきた。以下、詳しく説明しよう。

◆隣のなりわいを大切にする

エクセルギー技術は、本書で扱っている身近な(隣の)エクセルギーを扱う領域と、遠くの(大きな)エクセルギーを扱う領域に分かれる。後者は大工場や発電所などのエネルギーを大量に使う領域だ。その仕事については門外漢なので、ここではふれない。私はとくに、大規模ではない農業、各種店舗、家内制工業などのような「家業」と言われる規模のなりわいに注目している。それは、身近で活用できる「散らかり」、つまり身近なエクセルギーの宝庫だからである。

放っておくと散らかってしまうものを発見し、それらを集めて活用すれば、快適な生活が実現したり、隣のなりわいの原動力を提供できる。たとえば、隣から提供されたエネルギーや熱によって小規模な発電が可能になるから、大規模発電所の建設が減り、電力使用量も減少する。また、使用後の製品を遠くの工場に運んで、新たなエネルギーを投入するようなリサイクルは、環境に負荷をかけるが、こうしたリサイクル工場を減らすことができる。

これまでは、なりわい程度の小規模な生産領域でも、外部からの電力やエネルギーが不可欠であると考えてきた。しかし、エクセルギー的な考え方では、そうした固定概念にとらわれない。何を生産するのか、そのためにはどんなエネルギーが必要なのかを問い直し、隣のなりわいに目を向けていく。

図 54　温泉の熱で水道水を加温して厨房で利用

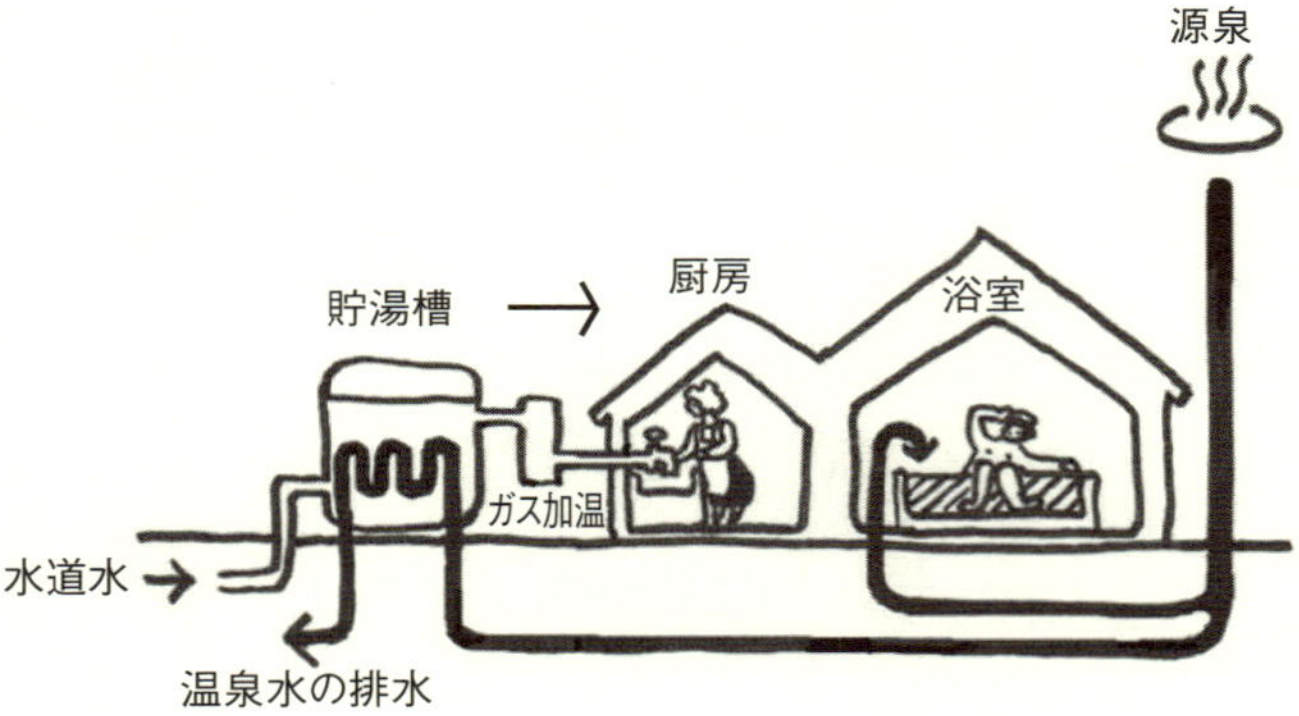

◆温泉熱を利用して、水道水のお湯をつくる

福島県耶麻《やま》郡北塩原村にある五色沼温泉のペンション（８室）に２００２年、温泉熱によって水道水を加温して厨房で使用する仕組みを導入した（図54）。

当初、温泉だからお湯が豊富にあると思っていたが、多様な成分を含む温泉水は配管や加温機などの設備機器やポンプを腐食させたり、成分が配管内などに付着して流れを滞らせたりする。そのため、自宅部分も含む厨房や浴室で身体を洗うお湯には、温泉水ではなく、水道水をガス給湯器で加温して用いるケースが多い。水道水は配管や設備機器などを傷めないからだ。温泉水を使用する場合は、傷んだ設備機器を定期的に交換するという。このペンションでは水道水を加温して使用し、１カ月の平均ガス代は約３万８０００円であった。

そこで、年平均10℃の水道水２トンを溜めたタンク（貯湯槽）に、ステンレスの配管をぐるぐる巻きにしたコイルを落とし込み、その中に50℃の温泉水を通して温めようと考えた。この温泉水で25℃くらいまで温めてから、ガス給湯器で60℃まで加温して、厨房で利用する。きわめて単純な仕組みなので、温泉水が配管や設備機器などに触れることによる傷みが発生しない。なお、60℃まで加温するのは建築物環境衛生維持管理要領で定められているためである。この規定がなければ、40℃程度までの加温ですむ。

１カ月の平均ガス代は約2万７０００円と、１万１０００円減った。タンクとそれをくるむ断熱材、ステンレスコイル、配管設備を含むシステムは約60万円である。この投資は4年半で回収できた。温泉から発生する熱は周囲に散らかっている。その散らかりを利用して、水道水を加温する仕組みだ。自然の熱源である温泉の熱がもつエクセルギーを活用した例である。

◆雪を利用した食べものの保存と冷房

福島県の会津地方は冬期、雪が2〜3メートルも積もる。その雪を1年間貯蔵し、ゆっくりと雪の冷たさを散らかす技術は、それほど難しくない。雪は身近なエクセルギーの宝庫である。

２００６年に南会津郡舘岩村《たていわ》(現・南会津町)の新エネルギービジョンの実施事業(約5分の1が国の補助金、約75%が福島県の起債)で、雪を用いた食品低温貯蔵庫(会津高原たかつえ雪室)を建設した。延べ床面積は１７４㎡(雪の学習室(21・1㎡)と雪のラウンジ(36・4㎡)を含む)。建設費用は約３６００万円だった。

まず、貯雪している２５０トンもの冷エクセルギーを利用して、室温2〜3℃、湿度95〜１００%の第

図55　雪室の仕組みと、その冷熱による冷房

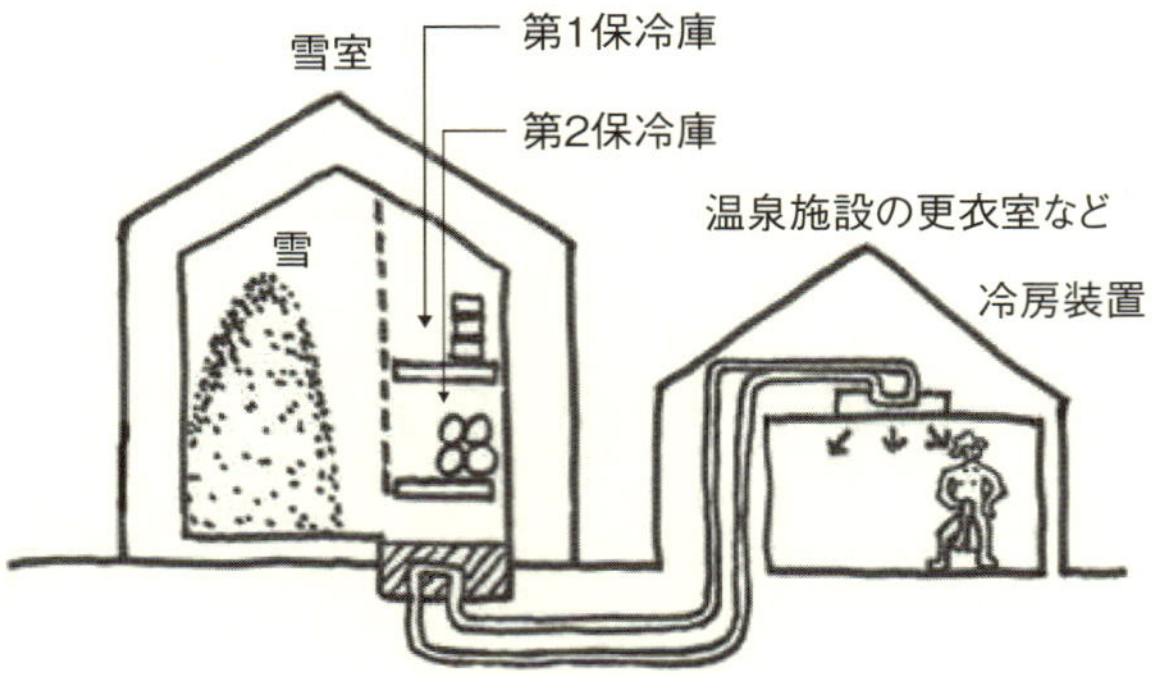

1保冷庫（15・9㎡）で、数カ月～半年、日本酒や豆腐を保存する。低温熟成や発酵に最適な環境だ。第1保冷庫で少し冷エクセルギーを消費して、ややぬるくなった空気で冷やすのが第2保冷庫（15・9㎡）だ。こちらは室温4～5℃、湿度80～85％で、蕎麦や野菜を保存する。

雪は少しずつ解けて水になる。その水温は3℃程度だ。そこで、その水から冷たさを受け取って、雪室に隣接する温泉施設の更衣室（54・6㎡）と雪室施設のラウンジ（35・4㎡）の冷房にも利用している（図55）。

◆堆肥づくりで発生する熱を農業研修施設の暖房に利用

栃木県河内郡上三川《かみのかわ》町にある有機農業技術支援センターは、2009年にエクセルギーハウスとして建設された有機農業の研修施設である。それ以来、代表の稲葉光圀氏によって、農業とエネルギーを結びつけるさまざまな研究・実証実験が進められている。その一つが、農業に欠かせない堆肥を活用した暖房である。

稲葉氏は農薬と化学肥料を用いない有機稲作と除草技術に精通するほか、放射性セシウムの回収効果があるひまわりを植えて福島県の田畑の除染を行い、セシウムが移行しない食用油を製造・販売する、「グリーンオイル・プロジェクト」も進めている。堆肥熱が暖房に適する熱量（1キロあたり6000kcal

図56　堆肥熱と燻炭化熱を農業研修施設の暖房に利用

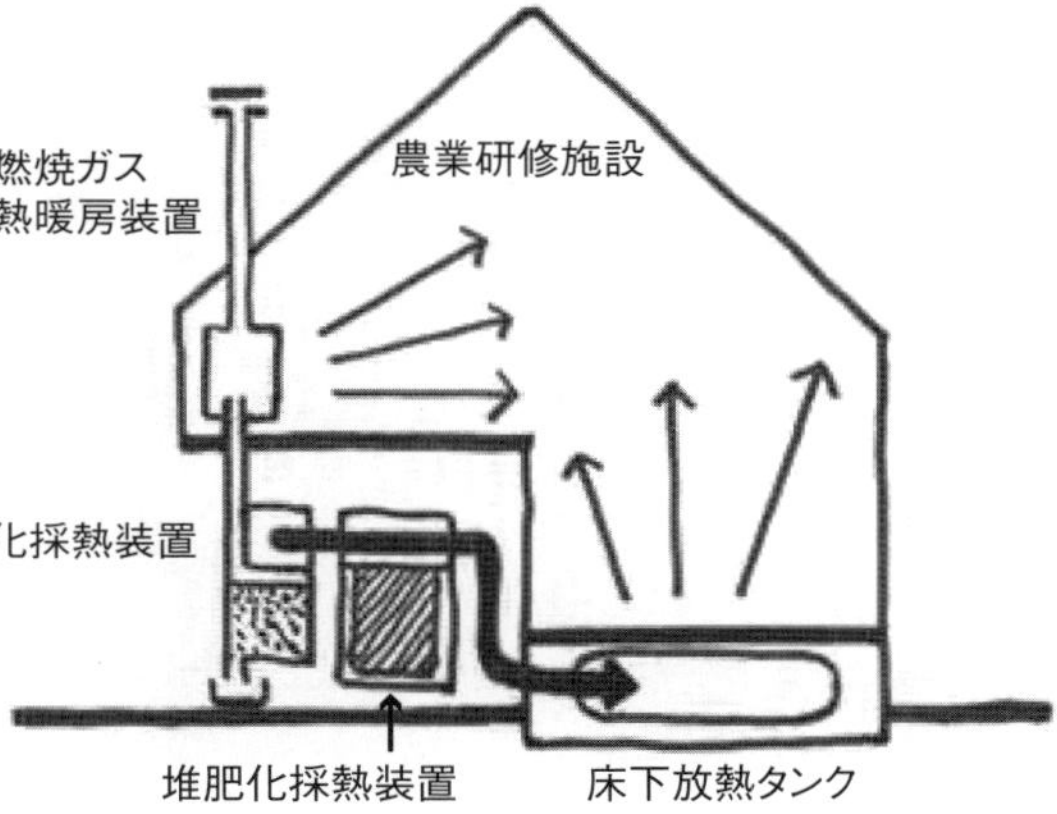

程度）であることは昔から知られていたが、連続して安定した熱を生み出す堆肥づくりの方法は見つかっていなかった。稲葉氏は、その方法を開発したのだ。

まず、堆肥に酸素が均質に供給されるように、通気性のよいビールケース大のプラスチックでできたバスケットに小分けする。それを堆肥化採熱装置の中に取り出しやすいように積み上げ、適時に新しいバスケットに交換していく。堆肥化採熱装置に入れられた堆肥は、昼も夜も40℃程度の熱を供給する。さらに、研修に利用する昼に夜より高い温度を得る目的で、もみ殻を燻炭化する過程で発生する１００℃近い熱を加えるために、燻炭化採熱装置を併設した。

この設備は、①堆肥の製造過程で散らかる熱を水に集めて温エネルギーを水に取り込む堆肥化採熱装置、②もみ殻を燻炭化する過程で散らかる熱を水に集める燻炭化採熱装置、③燻炭化の際に煙突から散らかる不完全燃焼ガスを燃やし、発生する熱を水に集める不完全燃焼ガス燃焼採熱暖房装置から構成されている（図56）。それらから生まれる25～60℃のお湯を床下放熱タンクに導き、室内に放射して暖房する。

燻炭化採熱装置は、ドラム缶1台分を燻炭化できる容量のもつ既存装置を加工した。不完全燃焼ガス燃焼採熱暖房装置は、既存の薪ストーブを改造している。改造費用と、新たに設けた堆肥化採熱装置、床下放熱タンク、各種配管、制御装置の材料費と建設費を含めて、建設費用は約２５０万円である。なお、堆肥化採熱装置の２・５㎥という容量では、暖かさが十分ではなく、５㎥にする必要があることがわかった。このように改修は必要だが、堆肥熱が暖房に活用できるのは間違いない。

2 エクセルギーで地域を変えていく

◆地域の資源を発掘し、事業化する「いとなみ大学」

縁あって、２０１２年度の「与那国町古民家及び空き家再生事業計画」の策定に関わり、いとなみに合ったエクセルギーを沖縄県の与那国島において考えることになった。

与那国島は日本最西端で、台湾の東１１１キロに位置し、人口は約１５００人だ。沖縄本島とは約５００キロも離れている（図57）。東西約９キロ、南北約３キロの小さな島で、地形は変化に富む。低地のビロウ（ヤシ科の常緑高木）やマンゴーなどの亜熱帯植生から高地のスダジイ林帯などの温帯植生が混在し、豊かな生態系に恵まれている。米生産量も比較的多く、島の産物によって自立できる可能性がある（与那国町史編纂委員会事務局編『町史』２０１

図57　与那国島の位置

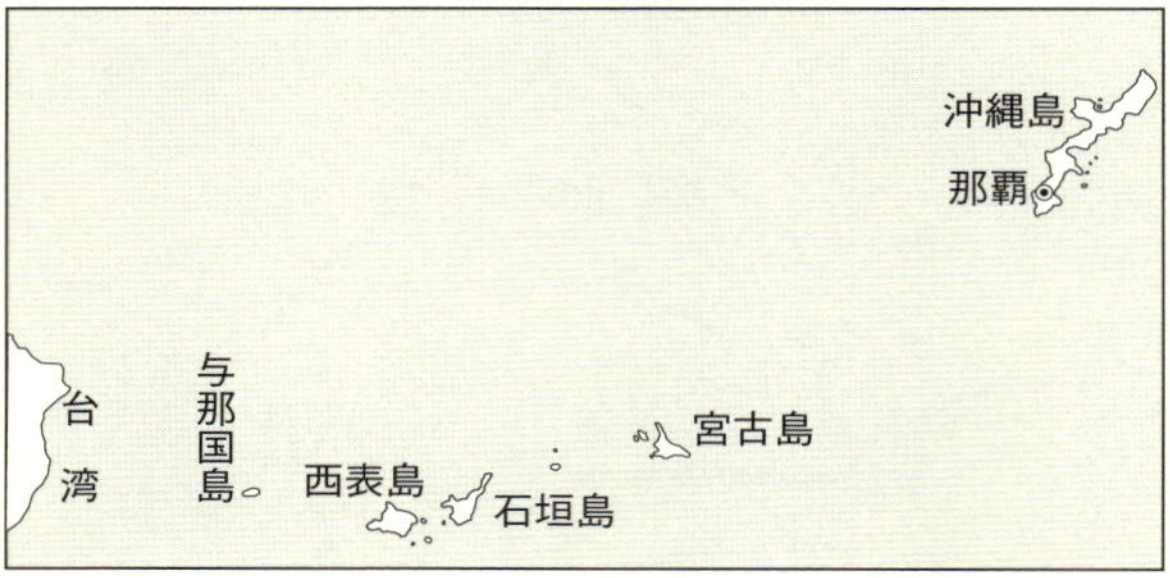

３年、参照)。

一般に、自分たちが住む地域の貴重な資源に気がついていない場合が多い。そうした資源の価値を地域の人たちが自分の言葉で語り、発信できるようになることが大切である。私たちは古民家の実態調査を行い、島の古老の話を聞き、町民との話し合いを重ねた。その過程で、地域の貴重な資源について学ぶ「与那国いとなみ大学」のアイディアが生まれる。そして、２０１３年度から、市民団体の「与那国いとなみネットワーク」が与那国町とともに実施する、与那国いとなみ大学開設のためのモデルプログラム研究・実践事業に、ＮＰＯグリーンネックレス(96ページ参照)を通じて協力することになった。

たとえば、地域に採れる産物を使った伝統的な技術があったとする。いとなみ大学で専門家とともに学びながら、その価値を発掘し、研究していく。そうした産物や技術が地域資源として重要であり、価値があるとわかれば、産業として事業化していく。学ぶのは地域住民だ。彼らは徐々に、学ぶ側から、仕事をしながら教える側、すなわちいとなみ大学の教授陣になる。そうなれば、島外から学びに来る人たちが増えてくるだろう。

◆与那国島の「あるもの探し」——伝統的工法の見直し

地元住民と一緒に地域を歩きながら、自然や風景や資源や技を発見し、それらの価値に気づいていく。これを「あるもの探し」と呼ぶ。

私たちは、ＮＰＯ田んぼ代表の岩渕成紀氏の指導を受けて、このあるもの探しを進めている。身近なところで「感じとる」「発見する」ことを継続する大切さを、岩淵氏に教えられた。与那国島のあるもの探しの大きなテーマは、伝統的工法の見直しだ。

与那国島では近年、新築住宅のほとんどが、アルミサッシで密閉できるようにして、エアコンを設置した、いわば「コンクリートの四角い箱」のような建物だ。与那国古民家及び空き家再生事業計画策定調査では、そうした新築住宅と上の写真のような伝統的民家の壁や軒裏、屋根、庭などの温度を測定し、温熱環境比較を行った。

その結果、伝統的な民家の庭では、珊瑚砂の温度が砂利やコンクリートの温度より低いことがわかった。2012年10月10日(晴れ)に、珊瑚砂は27℃、砂利は30℃、コンクリートは37℃だった(このとき、屋根の表面温度は37℃)。その理由は、まだはっきりしていない。おそらく、砂の粒に開いている小さな穴の効果か、その穴に含まれた水が蒸発する効果だろう。いずれにせよ、海岸の珊瑚砂を庭に撒くという昔からの習慣が庭を涼しくしていることは間違いない。

また、私はヒアリングで住民から、「毎年、正月に海から海水を運んできて庭に撒き、清めている」という話を聞いた。この海水の塩によって、雑草が生えにくくなっているのではないだろうか。そして、それを「清め」と表現しているのではないだろうか。

与那国島祖内の伝統的民家

図58　伝統的民家とコンクリート造りの建物の気温の推移

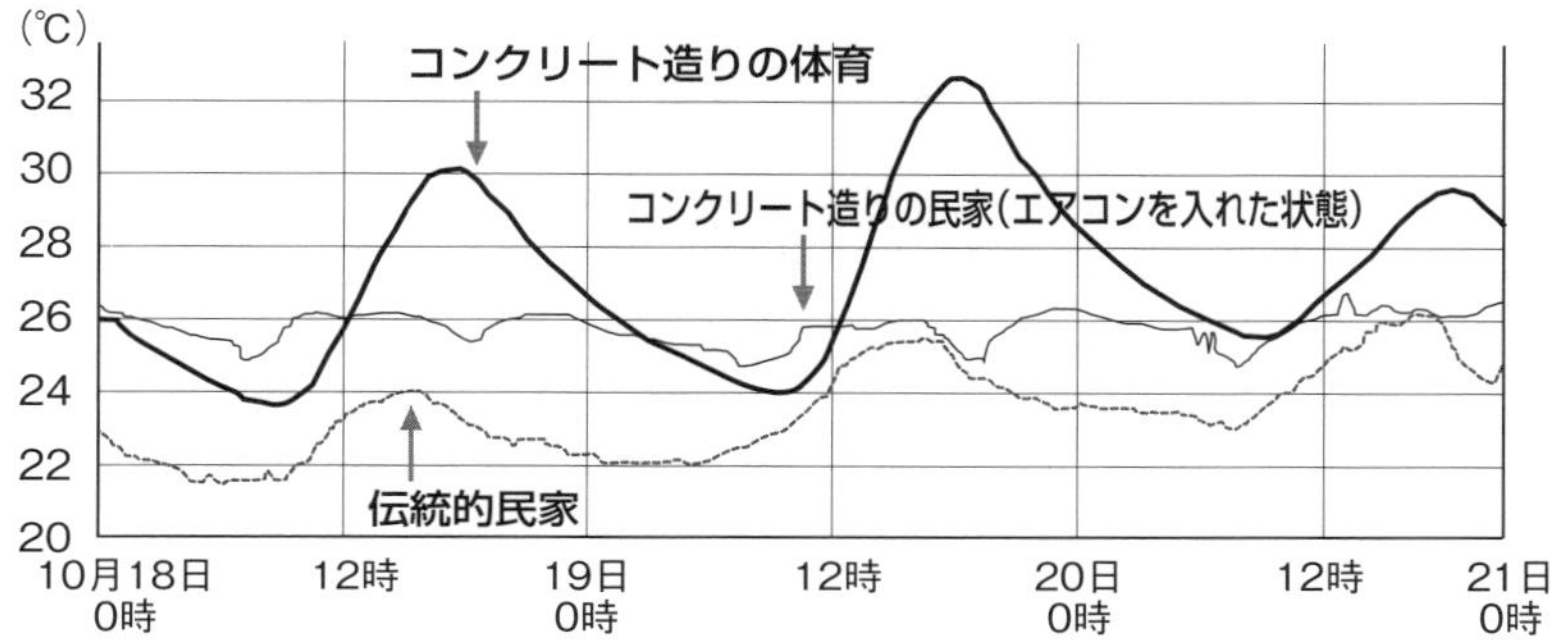

さらに、与那国島の伝統的な竹を下地にし、その上に島の土と、その土で焼いた瓦を載せた屋根は、一般的な瓦屋根よりも、軒下や室内を涼しくする効果が高いことがわかった。同じ10月10日に、現代の瓦と無垢板の新築住宅の屋根の軒裏温度が36℃だったのに対し、伝統的民家の軒裏は27℃。９℃も低いというのは、驚異的である。沖縄の瓦に断熱性があることは、すでに知られている。しかし、竹や土と組み合わせるとこれほどの断熱性能をつくりだしているとは、思いもしなかった（この理由も、まだはっきりしていない）。

室温も比較してみた（２０１２年10月18〜20日）。２０１１年に新設されたエアコンのないコンクリート造りの体育館は、最低24℃弱で、最高は32℃を超え、エアコンを入れたコンクリートの住宅では25〜26℃だった。一方、エアコンがない伝統的民家では22〜26℃を推移し、日中でも24℃以下の時間帯も少なくない（図58）。伝統的民家のほうが涼しいという結果を見て、エアコンは本当に必要なのかと考えさせられた。なお、コンクリートは熱容量が大きいので熱を溜めやすいため、暑さが遅れて発現する傾向がある。また、東京と比べると日没が1時間ほど遅い。したがって、夕方６時ごろに室温が最高になる。

与那国島には２０１２年現在、１５１軒の伝統的民家が現存する。その約半分は、壁面、とくに四隅の角にコンクリートかモルタルが塗られている。こうした近代的工法は、すでに1950年代に導入されていたそうだ。それは、台風時に吹く風速70m近い強風対策である。一方で、住民たちが総出で屋根を葺いていたという。多大な労力をかけ、伝統的な工法も維持してきた理由のひとつは、この涼しくする効果にあったのではないだろうか。このように、珊瑚砂、竹や土や瓦を用いた屋根の意味を発見していくことこそ、あるもの探しであり、エクセルギーによる地域おこしである。

◆部屋を開け放てば涼しくなる

与那国島の気候は亜熱帯に属する。冬でもほとんど10℃以下にならない。11月に泳げるほどだ。ただし、

図59　与那国島と東京の気温・湿度の比較

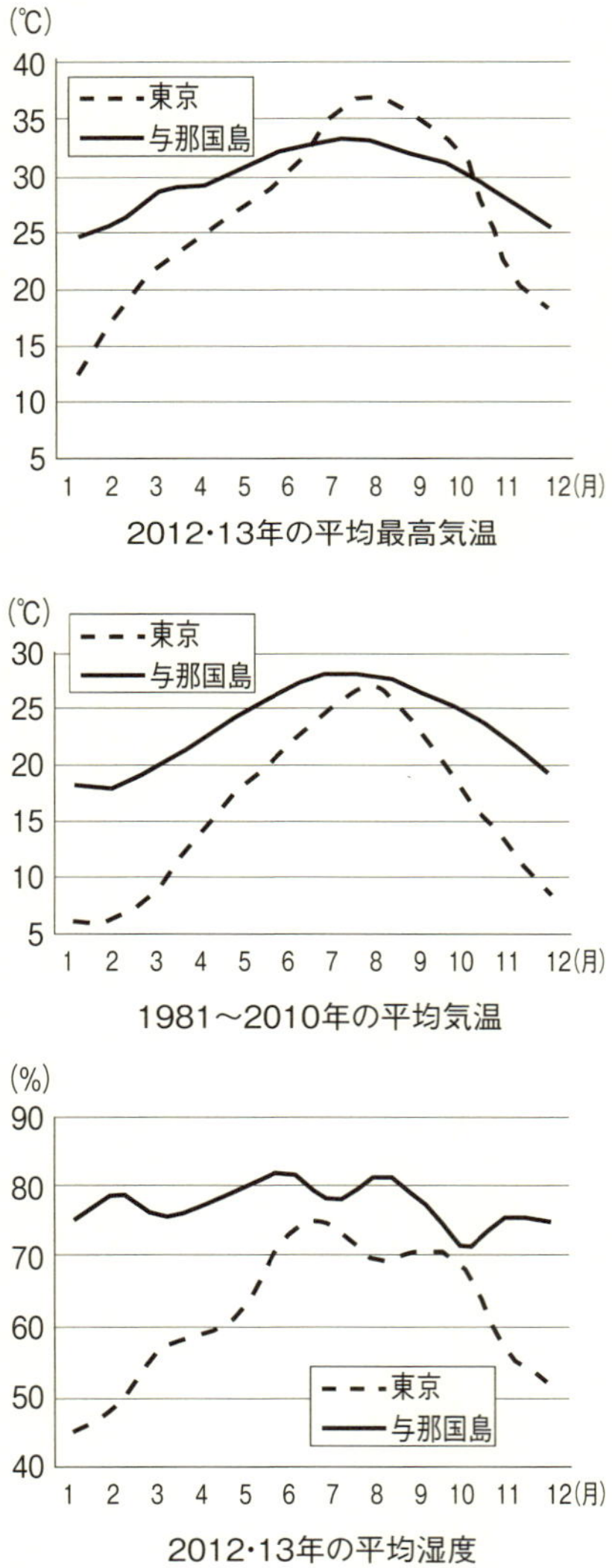

（出典）気象庁。

図 60　与那国島の伝統的民家

真夏の平均気温は東京とあまり変わらない。最近では、最高気温は東京のほうが高い（図59）。湿度は東京より高いが、夏は差が少なくなる。したがって、夏の暑さ対策については、東京をはじめ関東地方以南に参考になるはずだ。

現存する伝統的民家の約15％は、アルミサッシもガラス窓もついていない。ガラス窓がない代わりに、部屋は常に開け放されている。

与那国島の伝統的民家と庭や周囲のイメージを図60に示した。東、南、西は、外部にほぼ開放されている。客を迎えるいわば公共空間で、表座と言われる。ここに客間がある。北側はプライバシーを確保する空間で、裏座と呼ばれる。ここに、寝室や子ども部屋がある。庭にはコンクリート製のタンクがあり、軒先の樋から雨水を導いて溜め、使用目的に合わせて井戸水と併用した。トイレは豚小屋と兼用され、人間の糞尿が豚のエサとなる。そして、育った豚を売って家計の足しにしていた。

まさに、人のいとなみと自然のいとなみと生きもののいとなみをフルに活かした住まいと暮らしである。こうした伝統的民家の涼しさを現在の一般的な建物で得るためには、夏に窓を開け放すことが前提条件になる。

屋根や庭の温度を計測した伝統的民家は、四隅にはコンクリートの壁があったが、天井裏も床下もすべて風が通るように設計されていた。コンクリートをすべて否定する必要はない。地震や台風への強さは重要である。そのうえで風通しを工夫すれば、快適な環境で生活できるだろう。

◆なりわいを生み出す

与那国島の人口は現在、最盛期の8分の1だ。高校がないので、中学卒業後は進学のためにいったん島外へ出る。彼らが島に戻って働く場をどう創出するかが大きな課題である。２０１１年度に策定された「与那国町第４次総合計画」では、10年間で１００人の雇用創出をかかげている。

こうした課題を認識しつつ、古民家を活用した地域の活性化を目指して、伝統的民家の全戸調査が行われた。その際、室内が見えるくらい屋根が崩れ、雨が漏っている家もあり、そこでお年寄りが暮らしていた。広島県の尾道市には、建築のプロとアマチュアが力を合わせて、そうした民家を安価で修理する、尾道空家再生プロジェクトというＮＰＯがある。かつて、そのメンバーがこう語っていた。

「必ずしも住まい手がお金をもっていないわけではないのに、荒れている民家が少なくありません」

与那国島では公共事業として土木事業が実施されているが、建築専門家は島内にいない。島民の住まいの維持・改良には、住まい手や近隣居住者に加えて、与那国島の民家や暮らし方に関心をもつ島外居住者の協力が欠かせない。幸い、季節ごとに祭りが盛大に行われる与那国島では、頻繁に寄り合いがあり、隣近所が力を合わせる習慣と知恵も健在だ。与那国いとなみネットワークでは、各集落の祭事を行う御獄《ウガン》の調査と清掃・改修にも取り組みつつある。

また、離島であるがゆえに、台風や地震などの非常時に島外からの物資や機材や作業員に頼るのは難しい。身近な資源で、自分たちの手で復旧できる体制が必要である。そのためには、そうした作業が日常的になりわいとして成立していなければならない。与那国いとなみネットワークは、古民家のセルフビルドによる改修や古民家における民泊なども視野に入れ、その仕組みづくりの検討を進めている。伝統的民家は島民が自分たちの手で維持・改良しやすいし、非常時の修理にも対応しやすい。

そして、与那国島で産出される土や瓦や竹を島外でも家づくりに利用できるような体制が築ければ、島民がその製造や供給をなりわいにできる。それは、Uターン者やIターン者の雇用創出につながる。

伝統的民家の解体時に出された
瓦をストックしている

与那国いとなみネットワークでは、空き家になっている伝統的民家を借りて、本格的な活動を始めた。伝統的民家の解体の際は解体作業に参加し、瓦や柱などの素材をストックし、伝統的民家の修復や新たに建てる民家の部材として再利用するためのデータ整理にも取り組んでいる。

まだスタートラインに立ったばかりである。

とはいえ、与那国島ではそう遠くない時代に多くのいとなみが自立できていた。たとえば40代の役場職員の女性は、小学生のころ朝に豚を1頭しめて、さばいてから、登校した経験があるという。多くの日本人がもっていた知恵があふれた地域として、全国に先んじるモデルを示していけるのではないだろうか。

◆いとなみ大学東京分校の展開

与那国いとなみネットワークにならって、私は東京都三鷹市で、「いとなみネットワーク東京」を2013年5月に設立した。いわば、いとなみ大学の東京分校である。小金井市環境楽習館（旧雨デモ風デモハウス）では、現在も市民団体「雨デモ風デモライフラボ」によって、1カ月に1回程度「雨風ゼミ」が開催されている。その一講座である「地球の棲まい手学校」を、いとなみ大学分校に発展させて、地域の資源とエクセルギーについて考えているのだ。

東京でも、自分たちのできることは自分たちでやってみようという志向は、さまざまなジャンルで多い。家づくりでも、それは例外ではない。私が新築、改築（リフォーム）、改装（内装替え）の相談にのってほしいと依頼される際、最近ではかなり多くの場合に、「自分でできることは自分でやりたい」と言われる。2013年5月から14年の1月までを例にとると、住宅の改築が1件、アパートの改築が1件、事務所の改装が1件、店舗の改装が2件である。

素人が改築や改装の一部を担おうとするとき、次の3つのサポートが必要になる。

①技術の指導、②助っ人の用意、③道具の貸与と適切な材料の用意。

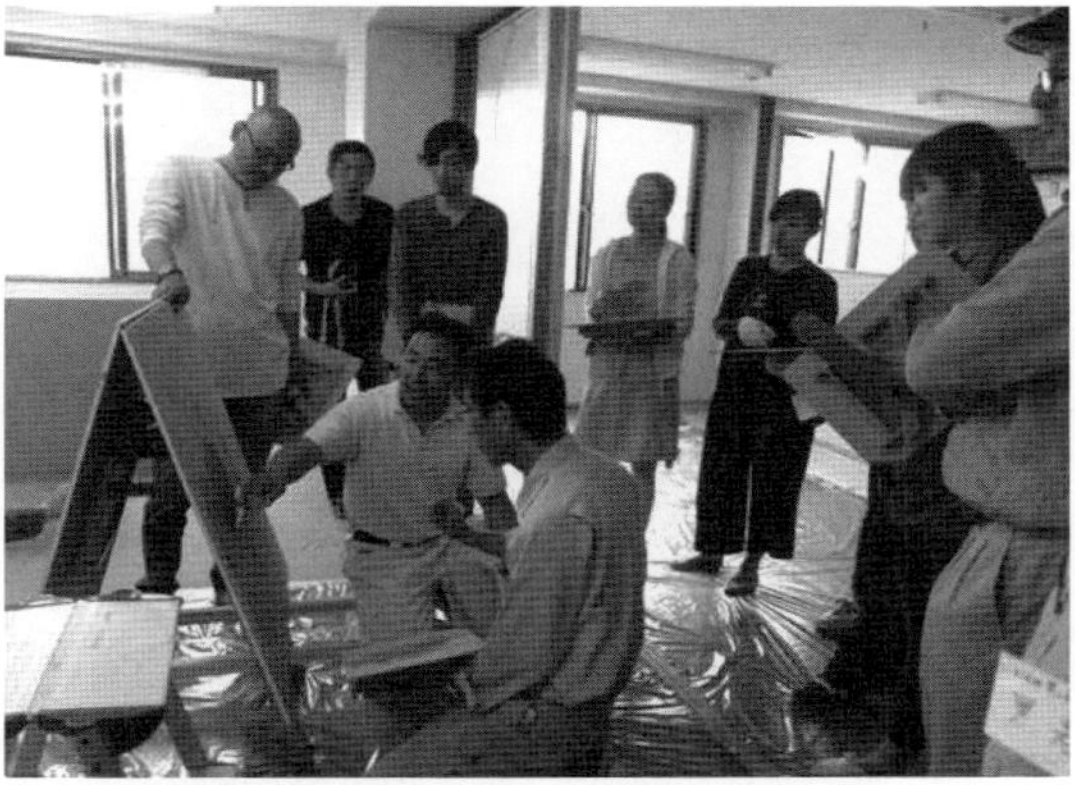

事務所の改装現場で作業を見つめる
セルフビルダーたち（2013年５月）

そこで、この３つをセットにして供給する「セルフビルダー普及支援事業」を若者たちと始めた。現時点では、珪藻土を壁や天井にコテで塗る作業にしか応えていないが、今後は床のムク板仕上げ、浴室の壁のモザイクタイル貼りなどにも対応できるように準備している。助っ人のなかには、初めてその作業を行い、覚えようとする人たちも加わる。したがって、セルフビルドの現場自体がワークショップを兼ねる形式になる。上の写真はその様子である。

今後、若いセルフビルダーたちから、さまざまな基本のいとなみの技を活かしたなりわいを築く者が現れてくるように、心がけている。

この本では、身近なエクセルギーはどこにいても見つけられる、と述べてきた。どんな種類のエクセルギーが、どんな生活のなかで活かされていくことが適切なのかを、地域ごとに、地域の人とともに考えていきたい。

あとがき

私の40代は、ほとんど福島県の舘岩村（現・南会津町）の村民のようでした。この小さな村で得られる小水力、雪、森林バイオマス、風力、太陽光、温泉排熱、畜産バイオマスなどの自然エネルギーの量を調べ、それぞれが村の役場やホテル、共同浴場などの施設でどのように使えるかを村民と一緒に検討。実際に、森林バイオマスや雪のエネルギーなどを利用してきました。また、大手住宅メーカー2社の環境配慮型住宅の開発に携わり、建物の生産過程に真正面から向き合う、貴重な体験もしました。それらの経験は、エクセルギーハウスに十分に活かされています。

ただし、エクセルギーハウスの最大の特色は、住まい手の希望で誕生し、住まい手の知恵によって開発が進められてきたという点にあります。そして、建築の職人、さまざまな技術者、研究者、デザイナー、経験豊富な経営者、各種NPOなどの力によって支えられてきました。

日本に住んで40年以上になるドイツ人のアルバート・クリンゲンシュミット氏は、いつも私の隣にいて、エクセルギーハウスを支えてくれています。彼は、エクセルギーハウスを育ててきた住まい手の叱咤激励の一言一句を、毎日のように繰り返し私に言い聞かせるのです。その隣にいる中国人の王振宇氏は、全国のどのエクセルギーハウスでも使える共通部品を中国で製造する過程を担ってくれています。国内の施工技術に関しては、株式会社みどり建設の石井敬一氏が一緒に考えてくれています。

現代の暮らしと各地の風土に適した日本の建築は、実はほとんど存在していません。それは、これからつくられていくものです。

この本で述べたように、地域に合った技術をエクセルギーの視点で地域ごとに生み出していくことが、何より大切だと思います。地域に合った建物を、地域の素材で、地域の人がつくっていく。同時に、世界の知恵に耳を傾けることを決して忘れない。私は「世界の知恵を活かし、地域の建築を地域でつくる」いとなみを進めていきます。

この場を借りて、3年間の長きにわたり、ご自身による取材も加え、編集に携わっていただいた環境ライターの箕輪弥生氏、この本には社会的な意味があり、それを社会に確実に届けようと強く背中を支え続けてくださったコモンズの大江正章氏に、お礼を申し上げます。そして、誰もが身近で見つけられ、使えるエクセルギーを活かす道を拓かれた東京都市大学の宿谷昌則教授に、改めて敬意を表します。

一人ひとりの住まい手が専門家と一緒に家をつくり、手をかけて育て、年を重ねるごとに価値が上がり、愛着が増すものにしていきたいと、私は考えてきました。あわせて、一人ひとりがエクセルギーを活かすことからよりよい地球環境づくりが始まるという共感の輪を、読者のみなさんに育てていただければ幸いです。

2014年3月

黒岩　哲彦

【著者紹介】
黒岩哲彦（くろいわ・あきひこ）
1956年　東京都生まれ。
1981年　東京理科大学工学部建築学科卒業。
2002～06年　東京理科大学工学部非常勤講師。
雨水や日照、通風、樹木など自然環境を活かした建築、地域計画、都市計画などに長年かかわり、エクセルギーハウスを開発してきた。1993年の東京建築賞優秀賞、1997年のリビングデザイン賞準グランプリ賞、2000年のサステナブルデザイン賞優秀賞など受賞多数。三井農林1200シリーズ・三井ホーム環境共生住宅の開発にも関わる。
現　在　建築家。一級建築士。株式会社エクセルギー（旧アルキテクタ）主宰。
共　著　『世界のベストホテル50』（TOTO出版、1994年）、『雨の建築学』（北斗出版、2000年）。

エクセルギーハウスをつくろう

二〇一四年五月一日　初版発行
二〇一六年四月一〇日　2刷発行

著　者　黒岩哲彦
イラスト　黒岩哲彦

発行者　大江正章
発行所　コモンズ
東京都新宿区下落合一―五―一〇―一〇〇二
TEL〇三（五三八六）六九七二
FAX〇三（五三八六）六九四五
振替　〇〇一一〇―五―四〇〇一二〇
info@commonsonline.co.jp
http://www.commonsonline.co.jp/

印刷・東京創文社／製本・東京美術紙工
乱丁・落丁はお取り替えいたします。
ISBN 978-4-86187-110-8 C 0052

＊好評の既刊書

木の家三昧
●浜田久美子　本体1800円＋税

自分らしい住まいを建築家とつくる
●原　真　本体1700円＋税

健康な住まいを手に入れる本
●小若順一・高橋元・相根昭典編著　本体2200円＋税

超エコ生活モード　快にして適に生きる
●小林孝信　本体1400円＋税

本気で5アンペア　電気の自産自消へ
●斎藤健一郎　本体1400円＋税

暮らし目線のエネルギーシフト
●キタハラマドカ　本体1600円＋税

原発も温暖化もない未来を創る
●平田仁子編著　本体1600円＋税

脱原発社会を創る30人の提言
●池澤夏樹・坂本龍一・池上彰・小出裕章ほか　本体1500円＋税

脱成長の道　分かち合いの社会を創る
●勝俣誠／マルク・アンベール編著　本体1900円＋税

土の匂いの子
●相川明子編著　本体1300円＋税